ÄGYPTOLOGISCHE ABHANDLUNGEN

HERAUSGEGEBEN VON WOLFGANG HELCK

BAND 48

TOPOS UND MIMESIS

ZUM AUSLÄNDER IN DER ÄGYPTISCHEN LITERATUR

VON

ANTONIO LOPRIENO

1988

OTTO HARRASSOWITZ · WIESBADEN

TOPOS UND MIMESIS

ZUM AUSLÄNDER IN DER ÄGYPTISCHEN LITERATUR

VON

ANTONIO LOPRIENO

1988

OTTO HARRASSOWITZ · WIESBADEN

CIP-Titelaufnahme der Deutschen Bibliothek

Loprieno, Antonio:
Topos und Mimesis : zum Ausländer in d. ägypt. Literatur /
von Antonio Loprieno. – Wiesbaden : Harrassowitz, 1988
(Ägyptologische Abhandlungen ; Bd. 48)
ISBN 3-447-02819-X
NE: GT

 Reproduktion, Druck und buchbinderische Verarbeitung: BoD, Hamburg
Printed in Germany

Otto Harrassowitz GmbH & Co. KG
Kreuzberger Ring 7c-d, D-65205 Wiesbaden,
produktsicherheit.verlag@harrassowitz.de

Inhaltsverzeichnis

0 VORWORT VII

1 EINLEITUNG 1

2 DIE DARSTELLUNG DES AUSLÄNDERS IN TOPOS UND MIMESIS 14

3 DER AUSLÄNDER-TOPOS 22

4 ZWISCHEN TOPOS UND MIMESIS: DER BEWUßTE NUBIER UND DER BESIEGTE LIBYER 35

5 SINUHE ALS ASIAT 41

6 ENTFALTUNG UND ENTTÄUSCHUNG DER MIMESIS 60

7 AN DER GRENZE DES SYSTEMS: SETH UND DER RELIGIÖSE DISKURS 73

8 ZWISCHEN PRIVATER HISTORIE UND SOZIALER GESCHICHTE 84

LITERATURVERZEICHNIS 98

NAMEN-, STELLEN- UND SACHREGISTER 112

0 Vorwort

"Keine Arbeit kann durch meine Hand gelingen,
wenn mein Herz fern von seinem Ort verweilt"

pAnastasi IV 4,11-5,5

Den Gegenstand der vorliegenden Untersuchung wählte ich vor mehr als drei Jahren als Thema für ein Göttinger Habilitationskolloquium, das ich während des Wintersemesters 1984 bestritt. Bei dieser Gelegenheit ging es mir hauptsächlich um eine Identifizierung der "ideationalen Ikone", unter denen ein Nicht-Ägypter in literarischen Texten präsentiert wird; im Laufe der darauf folgenden Ausdehnung der ursprünglichen Perspektive habe ich auch die allgemeine Frage der formalen Bedingungen erwogen, die das Auftreten eines spezifisch literarischen Diskurses in Ägypten begleiten. So ist die vorliegende Untersuchung ein sehr uneinheitlicher Komplex geworden: zum einen geht es natürlich primär, wie der Untertitel verspricht, um den "Ausländer" in ägyptischen literarischen Texten; zum anderen habe ich aber ansatzweise versucht, die Figur des Ausländers als Prä-Text, als Vorwand für allgemeinere Betrachtungen zu einem bestimmten historischen "Zeitgeist" bzw. zum metahistorischen ägyptischen Weltbild überhaupt zu benutzen. Mit anderen Worten: ich befasse mich vornehmlich mit den nicht-ägyptischen Gestalten der ägyptischen Literatur, bin aber bereit, die Folgen eventueller illegitimer Verallgemeinerungen zu tragen, die den weniger vorsichtigen Teilen dieses Büchleins entnommen werden könnten.

Warum ich gerade an die Figur des Ausländers als Forschungsgegenstand gedacht habe, hat sehr uneinheitliche Gründe: einerseits ist diese Wahl auf ein generelies Interesse, ja eine verbreitete Rehabilitierung des "Anderen" bzw. des "Unterschiedlichen" in der zeitgenössischen Kultur der westlichen Welt und insbesondere meiner eigenen Generation zurückzuführen; andererseits ist sie innerägyptologisch naheliegend, weil es meines Wissens in unserer Disziplin sowohl an zusammenfassenden Untersuchungen dieses Problembereiches als auch an deren Einbindung in die (von Jan Assmann begonnene) Diskussion um das Literarische in Ägypten fehlt;

schließlich maße ich mir an, im Laufe meines persönlichen Lebens eine einschlägige "direkte Kompetenz" erworben zu haben: die Kondition des Ausländers ist nicht nur diejenige, in der ich mich privat am häufigsten gefunden habe, sondern auch diejenige, zu deren (vielen) positiven und (wenigen) problematischen Aspekten ich mich psychologisch am liebsten bekenne.

Im Laufe der Ausarbeitung meiner Thematik habe ich von der Hilfe vieler Freunde und Kollegen profitiert: ich denke hier an die Anregungen der Göttinger Literaturwissenschaftler Armin Paul Frank und Horst Turk beim Habilitationskolloquium; ferner selbstverständlich an die Göttinger Ägyptologie, die ich aus endogamisch gebotener Zurückhaltung weder menschlich noch wissenschaftlich so emphatisch rühmen darf, wie ich es möchte; an zwei dank der Bewegtheit des Publikums geglückte Vorträge, die ich im Tübinger bzw. Kölner ägyptologischen Kreis halten durfte; an meinen Freund David L. Blank von der University of California, Los Angeles, von dem ich manches über das Fremde - und über eine dessen Teilmengen, nämlich den Computer - gelernt habe; an meinen Kollegen David P. Silverman von der University of Pennsylvania, der mir großzügigerweise für mich relevante Neuigkeiten aus seiner archäologischen Tätigkeit zur Verfügung stellte. Ihnen allen sei herzlich gedankt, so wie indirekt, aber nicht weniger aufrichtig, auch Jan Assmann, dessen Œuvre als stete Erkenntnisquelle am Horizont der Forschung die vorliegende Untersuchung begleitet hat. Mein Dank gilt außerdem Prof.Dr. Wolfgang Helck als Herausgeber der "Ägyptologischen Abhandlungen", der mit der ihm eigenen Aufgeschlossenheit dieses Büchlein in die von ihm geleitete Reihe aufgenommen hat, Dr. H.Petzolt vom Verlag Otto Harrassowitz für die kompetente und freundliche technische Beratung, und meiner Frau Heike für die stilistische Durchsicht des Manuskripts so wie für die zeitraubende Anfertigung des Registerteils.

Perugia, im Februar 1988 A. LOPRIENO

1 Einleitung

> Wollen wir wirklich glauben, daß die Ägypter jemals im Ernst den Himmel für den Bauch einer Kuh gehalten haben? Oder die Sonne im Ernst für das Auge eines großen Falken, der am Himmel fliegt?
>
> A. ERMAN

§ 1 Die historische Perspektive als methodischer Ansatz für die Interpretation der Forschungsgegenstände in den geisteswissenschaftlichen Fächern[1] erlebt zur heutigen Zeit eine wissenschaftsgeschichtliche Krise. Eher als der diachronen Gliederung der erforschten Phänomene scheint das Interesse der Fachleute ihrem jeweiligen systematisch-typologischen Auftreten entgegengebracht zu werden[2]. Dabei kann man leicht diese Interessenverschiebung auf die Einwirkung der struktural(istisch)en Theorien und Methoden, vor allem der strukturalen Sprachwissenschaft - in all ihren Erscheinungsformen und Entwicklungen - zurückführen[3]. Auch innerhalb unseres Faches ist eine ähnliche Tendenz eindeutig zu spüren - wie ich in dieser Monographie anhand einer Fallstudie, des Auftretens des Ausländers in literarischen Texten, explizieren möchte. Ich denke hier vor allem an die Betrachtung der ägyptischen Kunstgeschichte: nach einer "historistischen" Phase[4], in der die ägyptische Kunst in

1 S. z.B. SEIFFERT, *Einführung in die Wissenschaftstheorie* 2, 152 ff. zur Dichotomie zwischen "historischen" und "systematischen" Disziplinen. Ägyptologisch vgl. ASSMANN, *Theologie und Frömmigkeit*, 7-8.

2 Sehr deutlich ist m.E. die besprochene Entwicklung vor allem im Bereich der Sozialgeschichte: in der ägyptologischen Forschung s. TRIGGER-KEMP-O'CONNOR-LLOYD, *Ancient Egypt: a Social History*.

3 Die Saussuresche Priorität der synchronen Betrachtungsweise hat eine deutliche Ausformulierung und Anwendung in den Humanwissenschaften durch das Wirken von C.LÉVI-STRAUSS gefunden: s. *Anthropologie structurale I*, bes. 37-62 ("L'analyse structurale en linguistique et en anthropologie").

4 Vgl. exemplarisch DONADONI, *Egitto*, und die dort angeführte ältere Literatur.

ihrem geschichtlichen Verlauf und in ihrer unmittelbaren Beziehung zu den - meistens nur in großen Umrissen erforschbaren - zeitgenössischen politischen Ereignissen betrachtet wurde, neigen modernere Arbeiten vornehmlich zu systematischen Gesamtanschauungen, wobei erst innerhalb eines deduktiven Modells der Kunstanalyse auch historischen Erwägungen Aufmerksamkeit geschenkt wird[5].

Wie in der Entwicklung der Wissenschaft überhaupt, so macht sich also auch in einem historisch-philologischen Fach wie der Ägyptologie in der heutigen Zeit die Tendenz bemerkbar, eher der ägyptologischen Formalisierung eines Phänomens der altägyptischen Kultur als der Wiedergewinnung der ägyptischen Verhältnisse die Priorität zu geben: als Sprachwissenschaftler denke ich hier etwa an Beiträge, die oft von einer identischen Materialbasis und einer zumindest sehr ähnlichen Übersetzungspraxis ausgehen, in denen es aber vor allem um die Diskussion über die bestmögliche theoretische Grundlage einer ägyptischen Sprachanalyse geht[6]. Auch in der Ägyptologie geht man heutzutage eher "detailliert" als "fragmentarisch" vor[7]: mit ersterem beschreibt man die Zer-Gliederung des zu analysierenden Forschungsgegenstandes in kleinere Teile zum Zwecke einer Erforschung der Gesetze, die der Struktur dieses Forschungsgegenstandes zugrunde liegen, um zu einer *Rekonstitution* des ihm eigenen "Systems" zu gelangen, während die "fragmentarische" wissenschaftliche Einstellung die Möglichkeit einer *Rekonstruktion* (und nicht einer Rekonstitution!) des verlorenen Ganzen nur in der allmählichen Zusammenführung der noch bestehenden, an sich aber nicht aussagekräftigen kleineren Teile dieses Ganzen sieht. Die "detaillierte" Betrachtungsweise ist eher deduktiv, die "fragmentarische" Betrachtungsweise eher induktiv. (Als Beweis für meine Argumentation vergleiche man z.B. die schlagartige Vermehrung theoretisch orientierter Zeitschriften, Beiträge oder Sammelbände in der ägyptologischen Diskussion seit den siebziger Jahren).

5 Vgl. z.B. die Beiträge von J.ASSMANN und F.JUNGE, in: ASSMANN - BURKARD, *Genese und Permanenz*, 11-32 bzw. 43-60. Als impliziter Initiator dieser Perspektive der kunstgeschichtlichen Betrachtung in der Ägyptologie ist wohl H.SCHÄFER anzusehen, was m.E. die Aufwertung des Interesses an seinem Werk (*Von ägyptischer Kunst*) in der modernen Kunstforschung zu erklären vermag: s. z.B. J.BAINES' Übersetzung (*Principles of Egyptian Art*) und ders., *Art History* 8,1(1985), 1-25.

6 Vgl. den Sammelband ENGLUND - FRANDSEN, *Crossroad.*

7 Vgl. z.B. CALABRESE, *L'età neobarocca*, 73-95.

Dieser Paradigmenwechsel[8] scheint im allgemeinen von einer *dichotomischen Betrachtungsweise* begleitet zu werden: die Probleme, die der zu analysierende ägypt(olog)ische Forschungsgegenstand bietet, werden in einem großen Teil der heutigen Fachliteratur auf die Dialektik zwischen zwei Polen, oder besser gesagt zwischen zwei "Dimensionen" zurückgeführt. Ich denke hier an unlängst in die wissenschaftliche Debatte eingeführte Oppositionspaare wie "Maat vs. Wirklichkeit" im Bereich der Geschichtsforschung[9], "Tradition vs. Innovation" in der Kunstgeschichte[10], "explizite vs. implizite Theologie" oder "Horus- vs. Kamutef-Konstellation" in der Religionswissenschaft[11], "weisheitlicher vs. historischer Diskurs" in der Literaturwissenschaft[12] oder - der Vergleich ist nicht so gewagt wie er anmuten könnte - "Nominalphrase vs. Adverbialphrase", "Thema vs. Rhema" oder "Figure vs. Ground" in der Sprachanalyse[13]. Mag die massive Anwendung bipolarer Modelle in unserem Fach zum Teil auf einer innerägyptologisch-induktiven, aus der Betrachtung der Grundlagen ägyptischen Denkens gewonnenen Erkenntnis basieren[14], mag sie also "fragmentarisch" belegbar sein, so hängt doch ihr momentaner Erfolg primär von der außerägyptologisch-deduktiven Rezeption

8 Zu diesem Begriff und dessen methodischer Tragweite s. KUHN, *Die Struktur wissenschaftlicher Revolutionen.*

9 S. HELCK, in: *Akten des IV. Internationalen Ägyptologen-Kongresses* (im Druck; eine Zusammenfassung liegt in den "Resümees der Referate", 94-95 vor).

10 WILDUNG, in: ASSMANN - BURKARD, 33-42; eher als "innovatorisch" wäre dieser Pol jedoch als "inaugurativ" zu rubrizieren, denn das wichtigere Element dabei war die Initiierung einer neuen *Tradition* und nicht der Neuigkeitsfaktor an und für sich: s. ASSMANN, in: *ZDMG. Supplement VI*, 35-52, bes. 39.

11 ASSMANN, *Theologie und Frömmigkeit* bzw. ders., in: TELLENBACH, *Vaterbild in Mythos und Geschichte* , 12-49 und 155-162.

12 ASSMANN, in: ASSMANN-HARDMEIER, *Schrift und Gedächtnis*, 64-93.

13 Eingeführt wurde die bipolare Analyse ägyptischer Verbalformen natürlich von H.J.Polotskys Werken. Aber in diesem Kontext denke ich vor allem an die methodischen Formulierungen der nach-Polotskyschen Produktion, etwa JUNGE, *Syntax der mittelägyptischen Literatursprache* oder an Pragmatik-orientierte Ansätze, etwa LOPRIENO, in: *Akten des IV. Internationalen Ägyptologen-Kongresses*. SAK-Beihefte (im Druck; die Zusammenfassung liegt in den "Resümees der Referate", 132-133 vor) und ders., in: ENGLUND - FRANDSEN, 255-287. Die Entdeckung (oder besser: Wiederentdeckung, denn die moderne Pragmatik führt in einem gewissen Sinne die aristotelische Rhetorik fort: s. EGGS, *Rhetorik des Aristoteles*, 22-31 zur Rhetorik als "linguistischer" Theorie der Argumentation) pragmatischer Erwägungen in der moderneren, post-Chomskyschen Sprachwissenschaft hängt von deren primärem Interesse an der *Funktion* des sprachlichen Mittels eher als an dessen *Struktur* ab: s. bahnbrechend GIVÓN, *On Understanding Grammar*, 1 ff.

14 S. OTTO, *AHAW* 1964, 1,92 und insbesondere W.WESTENDORFs Arbeiten, etwa vor kurzem in: *Festschrift Brunner*, 426.

methodischer Ansätze vor allem aus der Umfeld des Strukturalismus ab[15] - ich denke etwa an die Erforschung der Sinn- und Weltstrukturen, eine an der Grenze zwischen Philosophie, Soziologie und Literaturwissenschaft angesiedelte Fachrichtung, oder an die schon erwähnten semiologisch-pragmatischen Ansätze im Spannungsfeld zwischen Sprachwissenschaft und Psychologie.

Im Rahmen des gerade Besprochenen scheint mir auch der Unterschied zwischen "ägyptischer" Dokumentation und "ägyptologischer" Diskussion (s. oben) besondere Aufmerksamkeit zu verdienen: wo in der traditionellen Ägyptologie das Interesse des Forschers primär auf das Sammeln "ägyptischer Fragmente" gelenkt wurde, um erst danach eine induktive Hypothese über die Natur eines Phänomens der ägyptischen Kultur aufzustellen, wird in der heutigen Forschung potentiell jeder Aspekt der altägyptischen Kultur gewissermaßen zum Vorwand für eine Gesamtanalyse, die weit über die objektiven Grenzen des analysierten Gegenstandes hinausgeht: eindeutige Zeichen dieser Entwicklung, in der die Behandlung eines auch relativ beschränkten Themas allgemeine Aussagen über die Merkmale eines ihm inhärenten ägyptischen "Systems" zuläßt, kommen m.E. etwa in einigen Stichworten des *Lexikons der Ägyptologie* zum Vorschein, und zwar sowohl diachronisch (wenn wir ältere ägyptologische Behandlungen desselben Themas in Betracht ziehen) als auch diatopisch (wenn wir die Ägyptologie mit "konservativeren" orientalistischen Fächern wie z.B. der Assyriologie oder der Semitistik vergleichen). Als Produkt dieser wissenschaftsgeschichtlichen Entwicklung innerhalb der Ägyptologie zeigt wahrscheinlich auch die vorliegende Studie dieselbe Tendenz zur modellhaften Verallgemeinerung, ohne daß ich ein solches Ziel explizit angestrebt hätte.

§ 2 Mehr als die erwähnten anderen Teilbereiche der Ägyptologie befindet sich zur Zeit gerade die literarische Forschung in einer Übergangsphase zwischen einer positivistischen literatur*geschichtlichen*[16] und einer - diese Termini seien hier

15 *Pars pro toto* möchte ich auf die Dichotomie "Eros vs. Thanatos" bei Marcuse und auf die häufige Verwendung dichotomischer Oppositionspaare in der modernen Semiotik ("Signal vs. Sinn" u.a.), in der Semantik ("Extension vs. Intension" u.a.), und in der Textlinguistik ("Kontext vs. Ko-Text" u.a.) erinnern: s .z.B. LYONS, *Semantics 1*, §§ 7.1-7.5 und GÜLICH-RAIBLE, *Linguistische Textmodelle*, §§ 7.1 ff.

16 Ein naheliegendes Beispiel ist LICHTHEIM, *Ancient Egyptian Literature*. Im Falle der ägyptologischen Literaturgeschichte könnte man von einer allgemeinen "positivistischen" Tendenz sprechen (Anhäufung vereinzelter Beobachtungen, Evolutionismus, u.s.w.: s. die auch auf die Ägyptologie anwendbaren Überlegungen von FÄHNDRICH, *WdO* 7 (1973/74), bes. 261).

selbstverständlich wertfrei verwendet - strukturalen literatur*wissenschaftlichen*[17] Ausrichtung, in der das Hauptgewicht auf die (wie auch immer analysierte) inhärente Struktur und die inneren Merkmale des literarischen Diskurses[18] gelegt wird: gewissermaßen etabliert scheinen mir jetzt in unserem Fach (a) das formalistisch-strukturale Verfahren[19] und (b) eine ägyptologische Form der sogenannten "werkimmanenten Interpretation"[20].

Die Unterschiede in der wissenschaftlichen Behandlung dieser Problematik liegen an der Natur der literarischen Produktion selbst, die sich in jeder Kultur zwischen zwei dialektischen Polen bewegt: auf der einen Seite reagiert sie auf Anregungen des gesellschaftlichen Kontextes, auf der anderen aber entwickelt sie sich nach eigenen, in der Natur des literarischen Mediums verankerten Perspektiven, so daß eine literaturwissenschaftliche Interpretation natürlich eine Rekonstitution der kontextuellen, gesellschaftlichen "Kommunikationssituationen", aber auch der dem jeweiligen Text zugrunde liegenden ko-textuellen, innerliterarischen "Textur"

17 Zum Verhältnis zwischen den beiden Begriffen vgl. WELLEK - WARREN, *Theorie der Literatur*, 276-296; SCHULTE-SASSE - WERNER, *Einführung in die Literaturwissenschaft*, § 2.2.2; WEIMANN, *Literaturgeschichte und Mythologie*, 42-143, 236-286, 363-391; BRACKERT - LÄMMERT, *Funk-Kolleg Literatur*. Band 2, 113-218 und 219-316. In der ägyptologischen Fachliteratur s. vor allem ASSMANN, *OLZ* 69 (1974), 117-126, an dessen gattungstheoretische Bestimmung literarischer Texte ich mich in dieser Untersuchung zum großen Teil anschließe.

18 Zu den Gattungen, die der ägyptischen Literatur im engeren Sinne zuzuordnen sind, s. POSENER, *RdE* 6 (1951), 27-48 und *RdE* 9 (1952), 118 ff.

19 Vgl. etwa ASSMANN, *ZÄS* 104 (1977), 1-25 für eine semantisch-Proppsche, ders., *GM* 6 (1973), 9-32 für eine textgrammatisch-van Dijksche Variante eines ähnlichen Verfahrens. Dabei gilt das Hauptinteresse der Analyse der Regelmäßigkeit des Auftretens bestimmter "Funktionen" in der narrativen Sequenz.

20 Vgl. PURDY, *ZÄS* 104 (1977), 112-127 oder BAINES, *JEA* 68 (1982), 31-44. In dieser literaturwissenschaftlichen Perspektive rückt die Autonomie des literarischen Kunstwerkes als eigenständiger Kreation des Autors in das Zentrum der Analyse, weshalb ihr neuerdings auch in der rezeptionsorientierten Intertextualitätsforschung Aufmerksamkeit geschenkt wird: s. STEMPEL, in: SCHMID - STEMPEL, *Dialog der Texte*, 92-93.

vermitteln soll[21]. Dabei kommt dem Begriff der "Intertextualität"[22] eine besondere Relevanz zu: einem Text geht immer ein bestimmter "Prä-Text" voraus, der in einem engeren Sinne denjenigen Komplex von Texten bezeichnet, der die Struktur bzw. den Inhalt des "Folge-Textes" dialektisch bestimmt, sich jedoch in einem breiteren Sinne mit dem gesamten kulturhistorischen Kontext deckt, dem der literarische Text - als Kopie eines notwendigerweise vorangehenden, wenn auch dem Autor; nicht direkt bekannten Prä-Textes - entspringt[23]: Borges' "allgemeine Bibliothek" oder Ecos "Name der Rose" stellen die modernsten (und vom Autor; bewußt eingesetzten) literarischen Projektionen eines solchen Literaturkonzeptes dar.

Auch die vorliegende Untersuchung geht von diesem Spannungsfeld aus, wobei die historische Natur sowohl der Ägyptologie als Disziplin als auch des betreffenden Materials den Rückgriff auf außerliterarische Textgattungen häufiger nahelegt als etwa in der europäischen Literaturforschung[24].

21 S. zuletzt KUMMER, in: HAUBRICHS, *Erzählforschung 2*, 216-227 mit Hinweisen auf die ältere Literatur, und die Beiträge in der Sektion II ("Frühformen der Schriftlichkeit") des Sammelbands ASSMANN - HARDMEIER. Zur "Rekonstruktion des kommunikativen Handlungssinnes von Texten" s. die hermeneutische Interpretationslehre von SOEFFNER, in: ders., *Interpretative Verfahren in der Sozial- und Literaturwissenschaft*, 348-350. Zum Begriff "Textur" s. HASAN, in: DRESSLER, *Current Trends in Textlinguistics*, 228 ff.

22 Vgl. zuletzt die zwei Sammelbände SCHMID - STEMPEL, *Dialog der Texte* und BROICH - PFISTER, *Intertextualität*. Die Relevanz dieses Begriffes für die ägyptologische Literaturwissenschaft wird im nächsten Kapitel (§ 7) etwas präziser erörtert werden.

23 Das ist derjenige Intertextualitätsbegriff, der moderneren literaturwissenschaftlichen Ansätzen zugrunde liegt: vgl. PFISTER, in: BROICH - PFISTER, 9: "Die 'Dezentrierung' des Subjekts, die Entgrenzung des Textbegriffes und Texts [...] läßt das Bild eines 'Universums der Texte' entstehen, in dem die einzelnen subjektlosen Texte in einem *regressus ad infinitum* nur immer wieder auf andere und prinzipiell auf alle anderen verweisen, da sie ja alle nur Teil eines 'texte général' sind, der mit der Wirklichkeit und Geschichte, die immer schon 'vertextete' sind, zusammenfällt. Dies ist eine Grundvorstellung des Poststrukturalismus und des Dekonstruktionismus [...]".

24 Zur Beziehung zwischen nicht-literarischem und literarischem Text *stricto sensu* s. PLETT, *Textwissenschaft und Textanalyse*, 14-15, 120 ff.; EHLICH, in: ASSMANN - HARDMEIER, 24-43; zur Dialektik "Text vs. Literatur" in Ägypten s. ASSMANN, *OLZ* 69 (1974) und ders., in: ASSMANN - HARDMEIER; s. auch BRUNNER, in: *LÄ* III, 1067-1072; KAPLONY, in: ASSMANN - FEUCHT - GRIESHAMMER, *Gedenkschrift Otto*, 289-314; zu diesem Problem in den klassischen Philologien - aber durchaus auf den ägyptischen Sachverhalt übertragbar - s. FUHRMANN, in: CERQUIGLINI - GUMBRECHT, *Der Diskurs der Literatur- und Sprachhistorie*, 537-555.

Gegenstand der Untersuchung ist das direkte oder indirekte Auftreten der Größe "fremder Mensch"[25], allgemeiner gesagt des semantisch unterscheidenden Merkmals[26] [+AUSLÄNDER] in der ägyptischen Literatur. Mit "direkt" meine ich das *selbständige* Auftreten von (einem) Ausländer(n) in einem bestimmten literarischen Text; unter "indirekt" subsumiere ich dagegen die *Aussagen des Ägypters* über eine solche semantische Größe.

§ 3 Daß letztere als "semantisch unterscheidendes Merkmal" aufzufassen ist, scheint in der ägyptischen - so wie wahrscheinlich in jeder - Kultur offensichtlich zu sein[27]: die polaren Oppositionspaare "*t3 mrj* vs. *ḫ3s.t* " bzw. "*km.t* vs. *dšr.t* " in geographischer, "*rmṯ* vs. [-ÄGYPTER]" in soziokultureller Hinsicht bilden gar eine "Charakteristik"[28] der ägyptischen Ausdrucksform:

rḏj.t km.t n ḥrw dšr.t n stš

"Ägypten dem Horus, die Wüste dem Seth zu geben";

nn wn tkn=k r km.t mwt=k m dbn ḫ3s.wt

"Du wirst dich Ägypten nicht nähern, denn im Kreis des Auslands mußt du sterben".

pḥ [.n]=ṯn nn ḥr zj jšst r ḫ3s.t tn ḫm.t.n rmṯ.w

"Warum seid ihr denn hierher gekommen, zu diesem Land, das die Ägypter nicht kennen?"[29].

25 Im *LÄ* werden das Thema und die zu Gebote stehende Bibliographie in einer Reihe von Stichworten behandelt bzw. erwähnt: s. vor allem HELCK, in: *LÄ* II, 306-312. Dem Motiv des "Ägypters in der Fremde" wird im § 12 unten nachgegangen.

26 Vgl. z.B. SCHULTE-SASSE - WERNER, §§ 5.2-5.7; sehr ausführlich LYONS, *Semantics 1*, § 9.9.

27 S. etwa OTTO, in: *LÄ* I, 76-78.

28 Im Sinne von SEIBERT, *Charakteristik*, 11-54.

29 Die drei Beispiele stammen aus *Urk.* VI 17, 17 (zur Beziehung des Seth zum Ausland s. unten Kap.7), *Urk.* VI 29, 11-12 (vgl. auch die Opposition *t3 mrj* vs. *dšr.t* in *Urk.* VI 27, 3 vs. 5 und *passim*) bzw. *Urk.* IV 324, 8-9 (in dieser Optik vgl. auch *Urk.* IV 344, 6-8 und 345, 10-14). Zur Gleichsetzung "*rmṯ* = (ägyptischer) Mensch" s. HELCK, *Saeculum* 15 (1964), 103-114 mit Hinweis auf Herodot II, 144. Vgl. auch SETHE, *APAW* 1926,5, 25 und 60, und vor kurzem DEFOSSEZ, *GM* 85 (1985), 25 ff. Daß der "Stammesname" zur Bezeichnung des Begriffes "Mensch" schlechthin gebraucht wird, ist aber natürlich auch aus anderen

Es wäre jedoch ein Fehler, aus solchen Figuren induktive Rückschlüsse auf eine schier negative Konnotation des Prädikats [+AUSLÄNDER] ziehen zu wollen: wie die vorliegende Untersuchung zeigen möchte, erweist sich der Sachverhalt in der ägyptischen Literatur als viel diversifizierter und nuancenreicher als das einschlägige Allgemeingut in der ägyptologischen Exegese; ja, die von der ägyptischen *Literatur* vermittelte Ausländerfigur divergiert nicht unwesentlich von der historistischen Auffassung, die - extrem vereinfacht - die folgende Klimax ansetzt:

Altes Reich - Mittleres Reich	"nilozentrische", negative Wertung des Ausländers, aber das Ausland fungiert als Zufluchtsort[30];
Zweite Zwischenzeit	Hyksos-Konflikt:"Verabscheuung" des Ausländers, aber gleichzeitig auch "Öffnung" zur ausländischen Kultur[31];
Amarna	"Aufwertung" des Ausländers durch die Aton-Theologie[32];
XIX. Dynastie	intensiver kriegerischer, aber auch kultureller Austausch zwischen Ägyptern und Ausländern, insbesondere Asiaten[33];

Kulturkreisen bekannt: auf der theoretischen Ebene s. LUCKMANN, *Lebenswelt und Gesellschaft*, 85.

30 Quellen: etwa die biographischen Inschriften des Alten Reiches (z.B. Herchuf) und die Ächtungstexte auf der einen Seite bzw. der Beleg der Flucht von Sinuhe auf der anderen. Zum sozialen und politischen Hintergrund der Beziehung zwischen Ägypten und dem asiatischen Ausland in der Mittleren Bronzezeit (insbesondere in Bezug auf die Sinuhe-Erzählung und auf die Ächtungstexte) s. RAINEY, *IOS* 2 (1972), 369 ff., 381 ff.

31 Vgl. den Gebrauch des Konstruktes ^{c}*3mw ẖzj* "ärmlicher Asiat" zur Bezeichnung der Hyksos in der Kamose-Stele vs. die Dokumentation des Amarna-Archivs (vgl. HELCK, *Beziehungen*, 107 ff., 435 ff.).

32 S. z.B. S.DONADONI, *Vicino Oriente* 3 (1980), 1-14.

33 HELCK, *Beziehungen*, 342-369.

Dritte Zwischenzeit	"Ausländerhaß" infolge häufiger Fremdherrschaft[34];
Ptolemäerzeit	Osmose zwischen ägyptischer Kultur und Hellenismus[35].

Der prinzipielle methodische Einwand, der gegen diese Gliederung vorgebracht werden darf, ist, daß recht unterschiedliche Quellen oder Dimensionen der ägyptischen Kulturgeschichte allzu homolog behandelt bzw. gewichtet werden - wenn auch unter einer allgemein angenommenen "ablehnenden" Haltung Ägyptens gegenüber dem Fremden[36].

Ganz gewiß tragen die verschiedenen Elemente einer Kultur zu deren Einzigartigkeit bei, aber die den unterschiedlichen schriftlichen Quellen zugrunde liegenden "Kommunikationen"[37] unterliegen grundsätzlich *nicht* homologisierbaren Gesetzen oder Maßstäben, so daß mir eine einheitliche Behandlung nicht gerechtfertigt erschiene. Ähnliches gilt auch für den literarischen Diskurs im engeren Sinne: wir müssen annehmen, daß seine Entwicklung sowohl im Rahmen des ihm spezifischen kulturhistorischen Kon-Textes als auch nach autonomer ko-textueller Dialektik erfolgt, die die Ägyptologie auch innerliterarisch untersuchen soll[38].

Infolge der vorangehenden Argumentation eignet sich m.E. zur literarischen Analyse des Begriffes "Ausländer" in der ägyptischen Literatur, neben der bisher zugrunde gelegten historischen Gliederung auch die Ansetzung eines binären Oppositionspaares, das der Titel der vorliegenden Untersuchung zum Ausdruck bringt, nämlich die Dichotomie zwischen *Topos* auf der einen Seite und *Mimesis* auf der anderen.

34 HELCK, in: *LÄ* II, 311-312.

35 S. z.B. BEVAN, *The House of Ptolemy*, 79 ff.; PRÉAUX, in: HARRIS, *The Legacy of Egypt*, 323-354.

36 HELCK, in: *LÄ* II, 311-312.

37 Im Sinne von ASSMANN, *Ägyptische Hymnen und Gebete*, 6-25.

38 Vgl. BREUER, *Einführung in die pragmatische Texttheorie*, 7: "Aufgabe der Literaturwissenschaft ist es, Texte bzw. die Bedeutungsfestlegung von Texten in ihrer historisch-sozialen Vermitteltheit und Funktionalität zu begreifen". S. auch exemplarisch die Diskussion bei SCHMIDT, *Literaturwissenschaft als argumentierende Wissenschaft*, bes. 48 ff. Vgl. auch SCHULTE-SASSE - WERNER, § 13 und LINK, in: BRACKERT - LÄMMERT. Band 2, 293-316. Die Opposition "Kon-Text" (textexterner Bezug der linguistischen Zeichen) vs. "Ko-Text" (textinternes Gewebe zusammenhängender Zeichen) verdankt man der generativen Textlinguistik und insbesondere Petöfi: s. GÜLICH-RAIBLE, 151-161.

§ 4 Unter dem Begriff *Topos* verstehe ich, in Anlehnung an die Begriffsbestimmung, die in der Nachfolge von E.R.Curtius[39] entwickelt worden ist[40], eine gewissermaßen anonyme[41], literarisch wirksame[42] Figur, die eine "Form des Denkens von Sein als Wirklichkeit"[43] in der jeweiligen Gesellschaft expliziert; mit anderen Worten: die literarische Übertragung einer im kulturellen Kon-Text verankerten Grundaussage über die Realität, ein *Bezugsschema*[44]. Für die Zwecke meiner Untersuchung werde ich den literarischen Topos auf einen in der ägyptischen Gesellschaft vorgegebenen "thematischen Kontext"[45] zurückführen, der sich in rhetorischen Loci literarisch manifestiert.

Mit dem Konzept des literarischen Topos darf das "Zitat"[46] nicht verwechselt werden: während letzteres die direkte Übernahme einer sprachlichen Sequenz aus einer als "klassisch" angesehenen Quelle darstellt[47] - wobei nach H.Brunner (a)

39 CURTIUS, *Europäische Literatur und lateinisches Mittelalter*, bes. 79 ff. Curtius führte diesen in der aristotelischen Rhetorik (vgl. jetzt sehr ausführlich EGGS, 339 ff.: der Topos ist ein "Kunstgriff, der dem Redner [für die Zwecke meiner Untersuchung wohl: dem Autor] hilft, plausible Argumente zu finden") verankerten Begriff in die Literaturwissenschaft wieder ein (LAUSBERG, *Elemente der literarischen Rhetorik*, § 83; EGGS, 377-378 Anm.1), wobei im Laufe der späteren Diskussion die vielen problematischen Aspekte der Curtius'schen Auffassung oft unterstrichen worden sind: vgl. exemplarisch FISCHER, in: *Grundzüge der Literatur- und Sprachwissenschaft*. Band 1: Literaturwissenschaft, § 5.2.1.

40 Die wichtigsten Diskussionsbeiträge finden sich im Sammelband BAEUMER, *Toposforschung*.

41 Sie "fließt dem Autor in die Feder als literarische Reminiszenz": CURTIUS, in: BAEUMER, 14.

42 S. OBERMAYER, in: BAEUMER, 262.

43 VEIT, in: BAEUMER, 183 ff.

44 Vgl. "Denkschema" bei PÖGGELER, in: BAEUMER, 81. Zum Begriff "Bezugsschema" s. SCHÜTZ - LUCKMANN, *Strukturen der Lebenswelt*, 36-37.

45 Vgl. COSERIU, *Textlinguistik*, 141-147; s. auch GÜLICH-RAIBLE mit ausführlichen Verweisen auf das Konzept der "Reduktion" einer komplexen außersprachlichen Realität in einen Text; vgl. LOPRIENO, in: *Akten des IV.Internationalen Ägyptologen-Kongresses*, im Druck.

46 Zum allgemeinen vgl. PLETT, in: BROICH - PFISTER, 88-95; in der ägyptologischen Fachliteratur s. GUGLIELMI, *SAK* 11 (1984), bes. 350 zur fachinternen Rezeption des Begriffes "Topos" und die Beiträge von BRUNNER, in: HORNUNG - KEEL, *Studien zu altägyptischen Lebenslehren*, 105-171 und in: *LÄ* VI, 1415-1420.

47 Zur Definition der "Klassik" in der ägyptischen Literaturgeschichte s. ASSMANN, in: *ZDMG. Supplement VI*, 35-52 und die dort angegebene weiterführende Literatur. Aufgrund der Analyse der philologischen Transmission literarischer Texte in der XVIII. Dynastie und in der Ramessidenzeit kommt jedoch Assmann zum Ergebnis, daß der "klassische" Begriff "klassisch" im engeren Sinne den Verhältnissen der altägyptischen Kulturgeschichte nicht gerecht wird. Vgl. unten § 7.

mindestens zwei Stichwörter dem älteren Text und dem Zitat gemeinsam sein sollten und (b) die Gedankengänge der zwei Texte zueinander in Beziehung stehen müssen, also einen vornehmlich "textlinguistischen" (und technisch-philologischen) Charakter besitzt, würde ich bei der Entstehung des ersteren den "kon-textuellen" (und ästhetisch-literarischen) Faktoren den Vorzug geben wollen. Das Zitat möchte ich also primär in der "textuellen", den Topos hingegen in der "ideationalen" Dimension der Sprache[48] ansiedeln. Einen auch im Sinne der ägyptologischen Analyse gewichtigen Unterschied sehe ich außerdem darin, daß das Zitat immer eine Anspielung auf den zeitlich vorangehenden Text, eine bewußte intertextuelle Erinnerung an ihn darstellt[49], während der Topos nicht *einem* Text bzw. Autor;, sondern einem *gesamten* kulturellen Kontext entspringt, und sich insofern besser für eine nicht nur literarische, sondern auch allgemein historische Untersuchung eignet. Dem Topos liegt also - um den sehr glücklichen Ausdruck von J.Lotmann zu gebrauchen[50] - eine "Ästhetik der Identität" zugrunde: die ästhetische Leistung wird in der literarischen Transzendierung akzeptierten gesellschaftlichen Grundwissens gesucht.

§ 5 *Mimesis*[51] wird hingegen hier als des Autors selbständiger Versuch verstanden, das "Wirkliche"[52] darstellend zu bewältigen. Dieser Begriff setzt beim Autor auf der einen Seite die Idee der "Wahrscheinlichkeit" der repräsentierten Situation, auf der anderen aber auch eine Distanzierung von sich selbst als

48 S. BRUNNER, in: HORNUNG - KEEL, 167-171. Zum dreieckigen Modell der Analyse der Sprachfunktionen bzw. –dimensionen vgl. HALLIDAY, in: LYONS, *New Horizons in Linguistics*, 140-165. Zur Möglichkeit einer fruchtbaren Anwendung dieses (oder eines ähnlichen) Modells auf die ägyptologische linguistische Forschung s. LOPRIENO, in: *Akten des IV.Internationalen Ägyptologen-Kongresses* (im Druck) und ders., in: ENGLUND - FRANDSEN, 259 ff.

49 Vgl. PERRI, *Poetica* 7 (1978); STIERLE, in: SCHMID - STEMPEL, 19.

50 Diese Information entnehme ich ASSMANN, in: *ZDMG. Supplement VI*, 38.

51 AUERBACH, *Mimesis. Dargestellte Wirklichkeit in der abendländischen Literatur*. Zwei subtile literaturwissenschaftliche Behandlungen des Konzeptes sind die von MARTINEZ-BONATI, *Fictive Discourse*, 21-43 und von COSTA LIMA, in: CERQUIGLINI - GUMBRECHT, 511-536.

52 Nicht aber die durch den Menschen als von sich selbst unabhängig angesehene Realität an und für sich (MARTINEZ-BONATI, *Fictive Discourse*, 39; COSTA LIMA, 520), die den Gegenstand *pragmatischer* Texte bildet: zur Einführung s. GUMBRECHT, in: BRACKERT - LÄMMERT. Band 1, 188-209.

Handlungssubjekt voraus[53]; der Gebrauch dieses literarischen Verfahrens erschließt dem Autor die Perspektive einer -im Bereich des Topos lediglich dem gesellschaftlichen Vor-Urteil anheimgestellten - kulturell;en Auseinandersetzung mit dem dargestellten Anderen[54]. Durch die Mimesis ersetzen (und eventuell korrigieren) das Wirkliche des Autors und die Rezeption des Lesers die tradierte Wirklichkeit der Lebenswelt, was für den Literaturwissenschaftler den "Informationsgehalt" des betreffenden Mimesis-Textes erhöht, denn diese Form autoreferentiellen Textes stellt Unerwartetes, Originales dar[55]. Deshalb ist Mimesis, wie auch immer benannt, ein unabdingbares Verfahren der Narrativik[56], ein Verfahren, das immer "rhematischen" Charakter - gegen den vorwiegend "thematischen" des Topos - besitzt[57]; und es wird sich anhand des hier gewählten Forschungsgegenstandes feststellen lassen, daß Mimesis ein kennzeichnendes Merkmal ägyptischer *literarischer* Texte darstellt, während der Topos auch außerliterarische Gattungen charakterisiert. Ich möchte z.T. in der Mimesis jene Funktion der "Apotheose der individuellen und innovatorischen Leistung" erkennen wollen, die den sozusagen "humanistischeren" Pol innerhalb der diachronen Entwicklung der ägyptischen Kultur darstellt[58].

Freilich handelt es sich beim Komplex ägyptischer literarischer Phänomene, das ich unter "Mimesis" rubriziere, primär um die Anbahnung einer autonomen "Poiesis"[59]

53 Diese literarische "Distanzierung", z.T. auch Entfremdung des Autors von sich selbst hängt mit dem Auftreten der "ironischen" Dimension zusammen: vgl. unten § 17. Zu diesem Problembereich s. MARTINEZ-BONATI, *Fictive discourse*, 34-35, *passim*; BOOTH, *Rhetorik der Erzählkunst 1*, 160-165; ders., *Rhetorik der Erzählkunst 2*, 37-46; vgl. außerdem COSTA LIMA, 530 zum Argument, "daß Mimesis ein Interesse an meiner eigenen Interessenlosigkeit impliziert".

54 Vgl. etwa MARTINEZ-BONATI, *Fictive Discourse*, 23 ff.; COSTA LIMA, 529-530.

55 S. vor allem LANDWEHR, *Text und Fiktion*, bes. 120-125. Zur "Autoreferentialität" vgl. die Beiträge von ISER und GUMBRECHT im Sammelband HENRICH - ISER, *Funktionen des Fiktiven*, bes. 135 ff. bzw. 241 ff.

56 S. z.B. "Realism" bei WATT, *The Rise of the Novel*, 9-37 und "Mittelbarkeit" als Gattungsmerkmal bei STANZEL, *Theorie des Erzählens*, 15-38.

57 Zu den verschiedenen Gebrauchsmöglichkeiten des Begriffes "Rhema" in der Textwissenschaft vgl. GÜLICH-RAIBLE, *passim*. Vgl. auch WEINRICH, *Sprache in Texten*, 145-162 ("Die Textpartitur als heuristische Methode"). Die "Textthematik" ist das Insgesamt der *gleichen* Textübergänge, während die *ungleichen* Textübergänge unter "Textrhematik" zu subsumieren sind.

58 ASSMANN, in: *ZDMG. Supplement VI*, 39. Zum Phänomen der Vergöttlichung persönlicher Leistung, die in der Textgattung der "Laufbahnbiographie" (ASSMANN, in: ASSMANN - HARDMEIER; vgl. auch § 6 unten) ihren Ursprung findet, s. WILDUNG, *Imhotep und Amenhotep*, bes. 298-302.

59 Zu diesem aristotelischen Terminus vgl. EGGS, 62-69.

des erzählenden Autors. Obwohl ich mir dieser notwendigen Einschränkung bewußt bin, behalte ich den hier benutzten Terminus wegen dessen hermeneutischen Wertes bei: allzu häufig ist in der Geschichte der Ägyptologie das Gegenteil passiert, nämlich daß Ägyptologen, wohl wegen der "klassikozentrischen" Orientierung ihres kulturellen Hintergrundes und ihres akademischen Umfeldes, den Ursprung oder zumindest das Vorhandensein vermeintlich späterer Neuerungen literarischen oder religiösen Charakters schon in der ägyptischen Kulturgeschichte nicht erkannt haben.

2 Die Darstellung des Ausländers in Topos und Mimesis

§ 6 Im folgenden wird versucht, auf der Basis des unlängst vorgeschlagenen Modells der Entwicklung des literarischen Diskurses aus der Grabinschrift[1] eine Gliederung der literarischen Texte einzuführen, die das Merkmal [+AUSLÄNDER] aufweisen.

Einige Erläuterungen zum Schema: Die noch nicht literarisch entfaltenen, noch situationsbezogenen Textgattungen werden hier mit ihrem auffälligsten Isotop gekennzeichnet. Von "literarischer Transzendierung" zu sprechen impliziert das Entstehen einer zweipoligen Dialektik zwischen Verfasser und Leser, ein Prozeß, den man mit *Veröffentlichung* umschreiben kann. Mit anderen Worten: als literarisch fasse ich diejenigen ägyptischen Texte auf, die von den zwei Variablen eines selbständigen Autors auf der einen Seite und gewisser ästhetischer und gesellschaftlicher Erwartungen des Rezipienten auf der anderen ausgehen[2]. Die "semantischen Merkmale" der Ausländerdarstellungen fassen auf der formalen Ebene die Ergebnisse der Kapitel 3-7 kondensierend zusammen.

1 ASSMANN, in: ASSMANN - HARDMEIER, 71 ff. Mehrere Aspekte des obigen Schemas gehen auf Assmannsche Ansätze zurück, so daß sich einzelne Verweise erübrigen. Zur literaturwissenschaftliche Terminologie ("Isotop") s. SCHULTE-SASSE - WERNER, §§ 5.5-5.7. Zur Bedeutung des Grabes als Ausgangssituation für die Entwicklung der literarischen Gattung "Lehre" s. außerdem die anregende Analyse von BERGMAN, in: HORNUNG - KEEL, 86 ff.

2 S. TITZMANN, *Strukturale Textanalyse*, 330 ff. zur Frage der Relevanz der Dialektik "Autor vs. Rezipient" für die Textanalyse; vgl. dazu auch SCHMIDT, *Texttheorie*, 76; Zur Interaktion zwischen Text und Leser s. ISER, *Der Akt des Lesens*, 37 ff. (im Sinne der vorliegenden Analyse vgl. 42: "Statt den Sinn zu entschlüsseln, muß sie [scil.: die Interpretation eines Textes] die Sinnpotentiale verdeutlichen, die ein Text parat hält, weshalb sich die im Lesen erfolgende Aktualisierung als ein Kommunikationsprozeß vollzieht, den es zu beschreiben gilt". Vgl. auch JAUß, *Poetica* 7 (1975), 325-344. Zur Bestimmung der ägyptischen Textgattungen, die unter diese Definition subsumiert werden können, vgl. ASSMANN, *OLZ* 69 (1974), 117-126.

t_1	Ausgangssituation:	BEDÜRFNIS NACH ÜBERLIEFERUNG		
>	Entstehung der Schriftlichkeit:	V E R E W I G U N G		
t_2	Textgattung mit pragmatischem Sitz im Leben (*situations-bezogen*)	"IDEALBIOGRAPHIE"	AUSLÄNDER-SELBSTDARSTELLUNG	"LAUFBAHNBIOGRAPHIE"
	isotopisches Sem des Verewigungs-verfahrens	[+ *$m3^{c}.t$*]		[+ *rn*]
>	Entstehung der Literatur:	V E R Ö F F E N T L I C H U N G		
t_3	literarische (i.e. "transzendierte") Textgattung (*Dialektik Autor-Leser*)	"WEISHEITSLITERATUR"	KÖNIGLICHER DISKURS	"ERZÄHLLITERATUR"
	literarisches Mittel des Veröffentlichungs-verfahrens	T O P O S		M I M E S I S
	semantische Merkmale der Ausländerdarstellung	[+FREMDER], [+VOLK], [- *$m3^{c}.t$*]		[+FREMDER], [+ *rmṯ*], [+ *rn*]

[+ *$m3^{c}.t$*] ("Ordnung") stellt das grundlegende Konzept desjenigen Diskurses dar, der in den Weisheitstexten und in den Lehren seine "literarische Transzendierung" findet, [+ *rn*] ("Name"[3]) kennzeichnet hingegen die Summe der die einzelne Person charakterisierenden Merkmale. Im Sinne der literarischen Produktion möchte ich im

3 Wie wir später sehen werden, impliziert hier der "Name" auch die Dimension der individuellen "Leistung" des Einzelnen in der Gesellschaft: vgl. §§ 15 ff. unten.

Begriff *m3ᶜ.t* die soziale "Erwartung" (vgl. Kap. 3), im Begriff *rn* hingegen das Ergebnis der individuellen "Erfahrung" (vgl. Kap. 5) erkennen wollen[4]. Das Ineinandergehen von [+ *m3ᶜ.t*]- und [+ *rn*]-markierten Forderungen möchte ich in (präliterarischen) Selbstdarstellungen nubischer Soldaten während des Mittleren Reiches bzw. in der Einstellung zum fremden Fürsten im königlichen Diskurs des Neuen Reiches erkennen (vgl. Kap. 4). Dabei könnte man in solchen und ähnlichen Texten eine typologische Zwischenstellung zwischen dem weisheitlichen und dem historischen Diskurs erkennen - man denke diesbezüglich an die eigentlich "poetischen" Formen, etwa in der Weni-Biographie oder in der Sinuhe-Erzählung, bis hin zu den königlichen "Poemen" des Neuen Reiches (z.B. die Siegesstele Thutmosis' III, das Qadesch-Poem, die sogenannte Israelstele). Die Zuweisung dieser Texte dem Bereich der Literatur im engeren Sinne, die im Gegensatz zur weisheitlichen oder zur narrativen Gattung nicht unproblematisch ist, wird für die Zwecke dieser Untersuchung vom recht diversifizierten Inventar der dort auftretenden Ausländer-Motive und -Stilfiguren nahegelegt[5].

Dieser Gliederung zufolge werden wir in Texten der Weisheitsliteratur (und z.T. im königlichen Diskurs) "topische" Aussagen über Ausländergestalten, in Erzähltexten (und ansatzweise auch im königlichen Diskurs) hingegen ein rhetorisch differenzierteres, "mimetisches" Auftreten dieser semantischen Größen erwarten dürfen.

Eine methodische Erwägung muß hier mit berücksichtigt werden: die Opposition zwischen "Topos" und "Mimesis" gehört nach meiner Auffassung dem Bereich einer *impliziten* - und nicht einer *expliziten* - ägyptischen Literaturwissenschaft an[6]. Damit meine ich, daß sie ein Merkmal der "a-historischen" inneren Konstitution ägyptischer Literaturgattungen darstellt; die Entscheidung für das eine oder das andere Verfahren der Präsentation des Ausländers liegt nicht im Ermessen des

4 Zur Opposition zwischen "Erwartung" und "Erfahrung" vgl. MARQUARD, in: HENRICH - ISER, 43 ff. und die Diskussion im Kap. 5 unten.

5 Zur Frage der Überlieferungsform ("Buch" vs. "Stein") als Literarizitätskriterium vgl. ASSMANN, *OLZ* 69 (1974), 117; BRUNNER, in: *LÄ* III, 1067; KAPLONY, in: ASSMANN - FEUCHT - GRIESHAMMER, *Gedenkschrift Otto*, 295-296; ein weiteres Problem stellt die "Zweckgebundenheit" dieses Genres dar: ASSMANN, *OLZ* 69 (1974), 119. Begriffe wie "Form" und "Stil" werden hier im Sinne von ASSMANN, *ebd.*, 124 verwendet; zum Problem der "Gattungen" teile ich die Auffassung von RAIBLE, *Poetica* 12 (1980), 320-349.

6 Diese Dichotomie zwischen einem impliziten und einem expliziten Aspekt eines bestimmten kulturgeschichtlichen Phänomens wurde von ASSMANN, *Theologie und Frömmigkeit* für die Erforschung des theologischen Diskurses in die ägyptologische Diskussion eingeführt.

Autors, sondern hängt mit der Natur der gewählten Textgattung zusammen[7] und scheint über die ganze produktive Zeit der ägyptischen Literaturgeschichte hinweg nicht modifiziert worden zu sein[8]. Deshalb kommt für die Zwecke der vorliegenden Untersuchung der chronologischen Gliederung der Texte relativ geringe Bedeutung zu. Historisch differenziertere Ansätze einer "expliziten" Literaturwissenschaft der Ägypter scheinen mir hingegen in der kritischen Rezeption literarischer Werke des Mittleren Reiches vor allem in der XVIII. Dynastie[9] und insbesondere in der Erwähnung der Autoren "klassischer" Weisheitstexte in pChester Beatty IV und im Fragment Daressy[10] zu bestehen.

§ 7 In diesem Zusammenhang lohnt sich auch innerägyptologisch die Auseinandersetzung mit dem semiologischen und literaturwissenschaftlichen Begriff der "Intertextualität"[11], der vielleicht dazu verhelfen kann, die Bedeutung von "topischen" und "mimetischen" Verfahren und die Stellung des literarischen Diskurses in der ägyptischen Kultur überhaupt - auch unter dem Gesichtspunkt der Diskussion um die Klassik - besser einzuschätzen.

Intertextuell nennt man in der poststrukturalistischen Literaturwissenschaft, in Anlehnung an das von J.Kristeva eingeführte Konzept, den internen Bezug der Texte zueinander: "Jeder Text situiert sich in einem schon vorhandenen Universum der Texte, ob er dies beabsichtigt oder nicht."[12] Dabei kann der Topos, wie ich ihn im vorigen Kapitel (§ 4) definiert habe, eines der produktivsten Beispiele intertextuellen

7 Vgl. § 18 zum Auftreten des Ausländer-Topos innerhalb einer topischen literarischen Form ("Hymne"), selbst wenn sie in die mimetische Gattung "Erzählung" eingebettet ist.

8 Die sekundäre Relevanz der historischen Dimension in der Entwicklung dieses sozusagen "tiefenstrukturellen" Merkmals einer ägyptischen Literaturwissenschaft findet eine erstaunliche Parallele im Bereich der Theologie: vgl. ASSMANN, *Theologie und Frömmigkeit*, 178 zur "Ungeschichtlichkeit" der impliziten Theologie im Gegensatz zur "Geschichtlichkeit" des expliziten theologischen Diskurses.

9 "Kritisch" weil gattungstheoretisch bewußt: s. ASSMANN, in: *ZDMG. Supplement VI*, 43-44; ein sehr einleuchtendes Beispiel dieser expliziten Berücksichtigung literaturwissenschaftlicher Erwägungen *ante litteram* bietet die Textgeschichte der "Loyalistischen Lehre", eines Textes, in dem die "hymnische" und die "didaktische" Gattung, die wahrscheinlich auf unterschiedliche Redaktionszeiten zurückzuführen sind, bewußt kombiniert auftreten: s. POSENER, *L'enseignement loyaliste*, bes. 11-16; vgl. auch Kap. 8 unten.

10 Vgl. WILDUNG, *Imhotep und Amenhotep*, 25-27 bzw. 28-29; ASSMANN, in: ASSMANN - HARDMEIER, 68-69, 90; ders., in: *ZDMG. Supplement VI*, 39 ff.

11 Vgl. § 2 oben.

12 STIERLE, in: SCHMID - STEMPEL, 7. Stierle äußert sich allerdings eher skeptisch hinsichtlich der wissenschaftlichen Perspektiven der intertextuellen Analyse: vgl. 21 ff.

Verfahrens darstellen: da er keinen expliziten Prä-Text fortsetzt, sondern wegen der Anonymität seiner Entstehung Rückschlüsse auf den allgemeinen gesellschaftlichen Rahmen seiner Entstehung zuläßt, besitzt er jenen "unbewußten Charakter", den Ch.Grivel als grundlegende Komponente dieses Phänomens identifiziert hat[13].

Aber auch das Phänomen der Mimesis kann mit Hilfe des Intertextualitätsbegriffs klarere Konturen annehmen. Der Unterschied zum Topos liegt nämlich darin, daß in diesem Fall die gesellschaftlichen Erwartungen nicht unmittelbar von den Aussagen des Textes widergespiegelt, sondern vielmehr in dialektischer Auseinandersetzung vom Text "erörtert"[14] und eventuell - zumindest implizit - verworfen werden. In den mimetischen Texten werden wir also die jeweils spezifische Einstellung, oder besser *Erfahrung* des Autors innerhalb dieses gesellschaftlichen Weltbildes erkennen können. Ägyptologisch angewendet heißt es: Texte der Weisheitsliteratur - die sich vornehmlich der topischen Darstellungsweise bedienen - werden eine Form intertextueller Bezüge im "äußeren Kommunikationssystem" aufweisen, während in der Narrativik der Verweis auf vorgegebene Denksysteme auch im "inneren Kommunikationssystem", im Dialog zwischen den vom Autor für das ägyptische Publikum ins Leben gerufenen Charakteren selbst erwartet werden dürfte[15]; noch besser, bei der Erkennung intertextueller Bezüge in der Mimesis-Literatur wird individuellen - und dadurch für die Analyse des ägyptischen Bereiches schwer greifbaren - Instanzen wie der Rolle des Autors oder der Natur des Leserkreises eine größere Bedeutung als in der Topos-Literatur beigemessen werden müssen.

Ohne anachronistisch erscheinen zu wollen, möchte ich hier - auch im Sinne einer Dialektik zwischen ägyptologischer und europäischer Literaturwissenschaft - zwei kontroverse Begriffe wie "Klassizismus" und "Realismus" gebrauchen, um das Verhältnis von topischen bzw. mimetischen Texten zum jeweiligen Netz intertextueller Bezüge zu charakterisieren. Topos-Texte verhalten sich insofern klassi-

13 GRIVEL, in: SCHMID - STEMPEL, 55; vgl. auch den Rückgriff auf die Definition von W.Preisendanz bei PFISTER, 14 ff.

14 Im technischen Sinne der Opposition zwischen "use" und "mention": letzterer Begriff bezieht sich auf eine Form des Meta-Gebrauchs eines semiologischen (d.h. sprachlichen, soziokulturellen, u.s.w.) Zeichens, in der dieses innerhalb des Kommunikationflusses nicht einfach die Funktion des Trägers einer Bedeutung erfüllt (wie im Falle des "use"), sondern selber zum Gegenstand der Kommunikation wird: s. PFISTER, 25-30 und insbesondere SPERBER - WILSON, in: COLE, *Radical Pragmatics*; vgl. Kap. 5 unten.

15 Vgl. die Diskussion um die Skalierung der Intertextualität nach Kriterien wie gegenseitiger Bezug bzw. Dialog zwischen Texten, explizite Markierung des intertextuellen Verweises, Thematisierung des intertextuellen Bezugs in PFISTER, 25-30; und BROICH, in: BROICH - PFISTER, 31-47, von dem ich die Termini "äußeres" vs. "inneres Kommunikationssystem" übernommen habe.

zistisch, als ihnen bestimmte Muster menschlichen Verhaltens und bestimmte Denkstrukturen paradigmatisch, d.h. nachahmenswert erscheinen. Gewiß: die Klassizität ägyptischer Texte ist weder programmatisch markiert[16] noch prosopographisch gestiftet, wie etwa der Rückgriff auf das klassische Altertum im abendländischen Klassik-Begriff: man denke an die klassizistische Wertschätzung eines Autors wie Plutarch, gerade deshalb, weil er aufgrund der von ihm verfaßten "Vitae parallelae" den individuellen, prosopographischen Charakter des Paradigmatischen bzw. Nachahmenswerten[17] besser verkörpert als die an sich berühmteren Autoren der Antike[18]. Genauso gewiß ist es aber kein Zufall, wenn altägyptische Verweise auf die Literaten der Vergangenheit gerade in Texten topischer Natur vorkommen: pChester Beatty IV gehört zu den ramessidischen "Miscellanies", das Fragment Daressy entstammt dem Kontext des Grabes, ist also eher zur "Verewigung" als zur "Veröffentlichung" bestimmt[19].

Auch in Ägypten stellt also der Grad an Nachahmbarkeit einer Persönlichkeit (oder, auf die Ebene der Gesellschaft übertragen, eines Denkschemas) den primären Maßstab deren "Klassizität" dar. Ein gravierender Unterschied zwischen Ägypten und klassischer Antike liegt aber m.E. im Bereich der nachfolgenden Rezeption dieser Nachahmbarkeit: das westliche Ägypten-Verständnis war bisher nie imstande, die historische Stellung des Persönlichkeitsbewußtseins in der ägyptischen Kulturgeschichte zu rezipieren; Ägypten blieb für die Nachwelt ein Land hervorragender Kultur, nicht aber hervorragender individueller Gestalten. Es blieb, um den prägnanten biblischen Ausdruck aufzugreifen, das *bêṯ ᶜăḇāḏîm*, d.h. das Land, in dem zivilisatorische Errungenschaften immer auf Kosten individueller Entfaltung erzielt wurden[20].

Mit dem literarischen Realismus sind auf der anderen Seite Mimesis-Texte deshalb verbunden, weil ihnen der Versuch einer Befreiung von vorgegebenen Modellen des künstlerisch Wertvollen sowie die Hervorhebung der individuellen gegenüber der

16 Vgl dazu BROICH, 47.

17 Τὰ παραδείγματα τῶν βίων: vgl. z.B. ZIEGLER, in: *RE* 21.1, 903 ff. und ders., in: *Der Kleine Pauly*. Band 4, 947 mit weiteren Angaben zur Literatur.

18 In diesem Zusammenhang gedenke ich mit größter Dankbarkeit eines Gespräches mit meinem Freund und Kollegen David L. Blank (Department of Classics, UCLA), der mich mit gewohnter Brillanz und Klarheit in diese Problematik einführte.

19 Zum Problembereich des Verhältnisses zwischen persönlichem Namen und Textgattung "Lehre" in Ägypten s. ausführlich BERGMAN, bes. 94-102.

20 Vgl. LOPRIENO, *RivBibl* 34 (1986), 209-210.

allgemeingültigen Dimension[21] zugrunde liegen. Ich möchte also vorschlagen, das ägyptische Mittlere Reich, innerhalb dessen eine Literatur im engeren Sinne erst entsteht und im Laufe weniger Generationen sogar zum absoluten Gipfel ihrer stilistischen und inhaltlichen Möglichkeiten gelangt, als "intertextuellen Prätext" aufzufassen, innerhalb dessen Formen von Klassizismus und Realismus *ante litteram* die zwei Pole des Spektrums literarischer Bewegungen darstellen. Jeder dieser zwei Pole bedient sich eines bestimmten Instrumentariums rhetorischer Mittel und inhaltlicher Motive, auf die primär zurückgegriffen wird, nämlich der ("klassizistische") Topos und die ("realistische") Mimesis. Ersterer liegt einer Literatur zugrunde, deren Figuren und Themen in der "Erwartung" der zeitgenössischen Gesellschaft ihren Ausgangspunkt finden und die deshalb genuin intertextuell ist, wohingegen letztere der individuellen "Erfahrung" des Einzelnen entstammt und daher dem Ägyptologen inhaltlicher origineller, aber deshalb auch weniger formalisierbar erscheint.

Die Opposition zwischen Topos und Mimesis beruht letztendlich auf einem Unterschied in der *ästhetischen* Auffassung eines Kunstwerkes: Topos-Texte unterliegen dem "rhetorischen Literaturbegriff"[22], in dem das Urteil über die Literarizität primär auf dem Hintergrund der vom Autor eingesetzten sprachlichen Mittel getroffen wird, während im "mimetischen Literaturbegriff"[23] das Verhältnis zwischen dem literarischen Opus und der dargestellten Wirklichkeit in den Blickpunkt gerückt wird.

Die Darstellung des Ausländers, da sie mit "archetypischen" Wahrnehmungen innerhalb einer bestimmten Kultur besonders verbunden ist, scheint mir als Fallstudie zur Erforschung dieses allgemeinen literarischen Phänomens und zur Exemplifizierung der im vorangehenden vorgeführten Hypothesen besonders geeignet zu sein. Als kulturhistorische Ausgangssituation möchte ich die diesbezüglichen Aussagen in den Biographien aus der letzten Phase des Alten Reiches auffassen: das Fremdland und dessen Fürsten müssen auf der einen Seite "zum Frieden gebracht" (*sḥtp*[24]), auf der

21 Im Sinne einer autonomen, vom Autor geprägten Darstellungsweise bzw. im Sinne eines Rückgriffs auf die unmittelbare Erfahrung der Wirklichkeit: vgl. COSTA LIMA, 511 ff. Zur Kunsttheorie des Realismus ("Kunst als Arbeit") vgl. KULTERMANN, *Kleine Geschichte der Kunsttheorie*, 151 ff.

22 Vgl. PLETT, *Textwissenschaft*, 29-30.

23 *Ebd.*, 20-23, 30-37.

24 *Urk.* I 126, 3,11. Die Konnotation des Verbs *sḥtp* (ob es sich dabei um einen gewaltsamen Akt oder um eine friedliche Operation handelt) hat den Exegeten immer Schwierigkeiten bereitet: vgl. EDEL, *ZÄS* 85 (1960), 21-22 zur wirtschaftlichen, vs. z.B. zuletzt ROCCATI, *Littérature historique*, 203 zur militärischen Interpretation der Semantik dieses Lexems. Mein rein etymo-

anderen jedoch auch "erkundet" werden (*wb3 w3.t r ḫ3s.t tn*[25]). Die Haltung des jungen Königs Neferkare gegenüber dem angekündigten Pygmäen des Herchuf[26] verdeutlicht dieses weltanschauliche Spannungsfeld zwischen Wertung des Anderen als "Gegenstand" - was den Weg für die topischen Darstellungen in literarischen Texten bahnt - und allmählicher Erschließung zur menschlichen Vielfalt - was in den mimetischen Ausländerfiguren seine literarische Transzendierung erfährt. Und ist es dabei sicher kein Zufall, daß die Biographien des späten Alten Reiches gerade diejenige Textgattung darstellen, aus deren Prämissen sich sowohl die Weisheit (für unsere Zwecke wohl: der literarische Topos) als auch die Erzählung (d.h. die mimetische Literatur) des Mittleren Reiches entwickeln werden[27]. In den Topos-Texten wird der Ausländer *beschrieben*, in den Mimesis-Texten wird er *erzählt*. Wie sich dieses Spannungsfeld zwischen Beschreibung und Erzählung ausländischer Menschen in der Literatur gestaltet, werden die folgenden Kapitel zeigen.

logischer Vorschlag "zum Frieden Bringen" läßt beide Möglichkeiten offen und zielt nur auf die Wiedergabe der schon am Ende des Alten Reiches recht komplexen ägyptischen Einstellung zur Auseinandersetzung mit der Größe "Ausland" ab.

25 *Urk.* I 124, 12. Für die weitere Entwicklung dieser neugierigen Einstellung zum Ausland in der Gattung "Expeditionsbericht" s. zuletzt BLUMENTHAL, in: ASSMANN - FEUCHT - GRIESHAMMER, *Gedenkschrift Otto*, bes. 89 ff.; zum Motiv der Reise ins Ausland in der ägyptischen Literatur s. BAINES, *JEA* 68 (1982), 33 ff.

26 *Urk.* I 128 ff.

27 Vgl. ASSMANN, in: ASSMANN - HARDMEIER, 78 ff.

3 Der Ausländer-Topos

Comment peut-on être Persan?

MONTESQUIEU

§ 8 Die dem Topos "Ausländer" zugrunde liegende semantische Gleichung lautet:

[+ AUSLÄNDER] = [- *rmṯ*]

Der un-ägyptische Charakter des Ausländers manifestiert sich in vielerlei Hinsicht:

ḏd(.w) swt n3 gr n pḏ.tj
js ʿ3mw ẖzj qsn pw n bw nt(j)=f
3hw mw št3.w m ḫt
ʿš3 w3.wt jrj qsn m ḏw.w
nj ḥmsj=f m s.t wʿj.t
stš.w ʿqw rd.wj=fj
jw=f hr ʿḥ3 ḏr rk ḥrw
nj qn.n=f nj gr qnj.tw=f
nj smj.n=f hrww n(j) ʿḥ3
mj ṯ3j šnʿ ʿ n(j) zm3.yt

"Folgende Sachen werden über den Fremden erzählt :
Der ärmliche Asiat leidet wirklich an dem Ort, in dem er lebt:
dürftig an Wasser, mangelnd an Bäumen,
wo viele Wege hinführen, und die Berge Schwierigkeiten bereiten;
er ist nie an éinem Ort sitzen geblieben,
und der Hunger wird seine Füße immer drängen;
seit Horus' Zeit ist er am Kämpfen,
ohne siegen zu können, aber auch ohne besiegt zu werden;

denn er gibt seinen Kampftag nicht bekannt,
genauso wie ein Dieb, der sich vor dem Arm der Truppen fürchtet[1]."

Hier hat man mit einem sehr umfassenden kulturellen Topos zu tun: der Fremde vertritt die *Unkultur*[2], und zwar aufgrund sowohl geographischer Bedingungen in der von ihm bewohnten Gegend als auch weltanschaulicher Einstellung. Historisch gesehen dürfte in der Herauskristallisierung des Topos die geographische Gegebenheit wahrscheinlich als prioritär angesehen werden.

Das Konzept der Unkultur impliziert natürlich auch die Anerkennung der Unmöglichkeit einer Überwindung des Gegensatzes durch den Triumph der eigenen, positiv markierten "Kultur"[3]: der Asiat *siegt* nicht, kann aber auch nicht *besiegt* werden, er verkörpert im Grunde die globale Negation der ägyptischen symbolischen Sinnwelt[4]. Auch das Besiegt-werden ist nämlich, im Sinne des ägyptischen Weltbildes, [+ *m3ᶜ.t*]-markiert - man denke an die positive Funktion etwa von Apophis im Sonnenzyklus, denn erst durch sein Besiegt-werden können Verjüngung und Triumph des Sonnengottes erfolgen[5]. Wenn der Asiat "nicht besiegt werden kann" - oder "nicht besiegt wurde" - (*nj qnj.tw=f*), dann gehört er eben zur unüberwindbaren Un-Kultur und nicht nur zu einer entgegengesetzten, aber gewissermaßen symmetrischen "Anti-Kultur"[6]. In einer ähnlichen Perspektive kann auch das topische Verbot verstanden werden, eine Ehe mit einer Ausländerin einzugehen[7]:

1 Merikare 91-94; zur komplexen Redaktionsgeschichte des Textes s. BURKARD, *Textkritische Untersuchungen zu ägyptischen Weisheitslehren*, 23, 121-122, 158, 306-307; zur "Charakteristik" in diesem Text s. SEIBERT, 87-94. Die topische Natur dieses Textes wird auch aus linguistischen Besonderheiten ersichtlich: der Gebrauch der perfektiv-prospektiv-passiven Formen *ḏd(.w)* "werden erzählt" (passive Bedeutung), *stš.w* "wird drängen" (prospektive Bedeutung). Die *w*-Form bringt grundsätzlich die "Perfektivität" und deren semantische Teilmengen zum Ausdruck, nämlich die "Stativität" > Passiv bzw. die "Sicherheit-des-Stattfindens" > Prospektiv. Zu diesem Fragekomplex s. LOPRIENO, *Verbalsystem*, 38-50. Eine ähnliche Konnotation ist auch den im Text häufig gebrauchten Adjektivverben inhärent: *ebd.*, 163 ff.

2 Zum Begriff "Unkultur" s. GUMBRECHT, in: *Literatur in der Gesellschaft des Spätmittelalters*, 100-101.

3 Die Negationsverhältnisse sind in diesem Fall "rekursiv" (GUMBRECHT, *ebd.*) bzw. "asymmetrisch" (KOSELLECK, in: WEINRICH, *Positionen der Negativität*, bes. 70-79 zu "Hellenen" vs. "Barbaren"). Vgl. dagegen den besiegten Libyer im § 15 unten.

4 BERGER - LUCKMANN, *Die gesellschaftliche Konstruktion der Wirklichkeit, passim.*

5 S. zuletzt ASSMANN, *Re und Amun*, 74-80.

6 GUMBRECHT, in: *Literatur in der Gesellschaft des Spätmittelalters.* Im Problembereich der Oppositionsrelationen und deren Sonderfälle auch im Sinne des Textes s. TITZMANN, 119-149, bes. 139 ff. zur "asymmetrischen" Opposition.

7 Vgl. HELCK, *Beziehungen*, 353; te VELDE, *Seth, God of Confusion*, 112-113.

jrj=k n=k n3 zẖ3.w m bw.t snsn=k t3 ks(.t)
m-jr jrj.t=w jw=w (r) jḫ bn ḫ3m jm=sn

"Du hast dir die Schriften zur Abscheu gemacht und dich mit einer Kassitin angefreundet. Tue es nicht! Was soll das? Das ist doch ohne Nutzen"[8].

§ 9 Diese Weltbildopposition zwischen Ägyptern und Fremden erhält zuweilen *ethische* Implikationen; als Beispiel noch einen Ausschnitt aus der Lehre für Merikare:

ꜥ3mw pw mzḥ ḥr mrj.t=f
ḫnp=f r w3.t wꜥj.t
nj jṯ.n=f r dmj ꜥš3

"Der Asiat ist (wie) ein Krokodil auf seinem Ufer:
er/es schnappt von einem einsamen Weg,
er/es holt nicht von einem belebten Kai/Dorf"[9].

Eine kurze sprachwissenschaftliche Bemerkung am Rande: die Frage, in welchen Prädikationsverhältnissen "der Asiat" und "das Krokodil" zueinander stehen, verliert im Licht modernerer Forschung an Relevanz, weil auf alle Fälle - nach pragmatischen Kriterien - das Substantiv *ꜥ3mw* das "Thema", d.h. die Ausgangssituation bzw. die "Figur" der Aussage darstellt; semantisch gesehen sind sowohl [*ꜥ3mw*] als auch [*mzḥ*] Argumente des Prädikats "gleich sein"[10].

Auch dieser Topos findet ein Echo in der Wiedergebrauchsliteratur des Neuen Reiches:

t3 g3.wt nḥ3.tj m š3s.w
k3p.w ẖr n3 b3j.w
wn jm=sn n mḥ 4 n mḥ 5
f<n>ḏ=sn r rd.jt
ḥz3.j-ḥr bw-ꜥn jb=sn
bw sḏm=w n swnwn.w

8 pLansing 8, 6-7.
9 Merikare 97-98; vgl. BURKARD, 23, 158, 210-211 und SEIBERT, 95-98.
10 Zu dieser linguistischen Problematik vgl. LOPRIENO, in: ENGLUND - FRANDSEN, 274-277 und ders., in: *Akte des IV.Internationalen Ägyptologen-Kongresses.*

jw=k wꜥj.tj bn <ꜥ>ḏr r-ḥnꜥ=k
bn ḏbʔ ḥ3=k bw gmj=k p3 ʔrʔr
jrj=f n=k ꜥ n zš

"Der Engpaß ist gefährlich mit Beduinen,
die sich unter den Büschen verstecken;
einige von ihnen sind vier oder fünf Ellen groß,
von der Nase bis an die Füße,
mit wildem Gesicht, unfreundlich gesonnen,
und auf die Schmeicheleien gar nicht hörend.
Du hingegen, du bist alleine, ohne Hilfe bei dir;
kein Heer ist hinter dir, du kannst keinen Führer finden,
der dich bei der Überquerung zu leiten bereit ist"[11],

und in der Königshymnik sowie in nicht-literarischen, *politischen* Schriften:

ḏr-nt.t sḏm nḥsj r ḫr n(j) rʔ
jn wšb=f ḏd ḥm=f
3d.tw r=f ḏd=f s3=f
ḥm ḫt w3j=f r 3d
nj rmṯ.w js n.t šf.t st
ḥwr.w pw sḏ.w-jb

"Denn der Nubier hört, und schon durch das bloße Wort fällt er um:
es genügt, ihm zu antworten, um ihn in die Flucht zu treiben.
Greift man ihn an, so zeigt er seinen Rücken:
sagt man ihm bloß "Zurück!", so hört er mit dem Angriff auf.
Es sind keine Menschen, die Respekt verdienen:
es sind arme Leute, mit zerbrochenem Herzen"[12];

jḫ ḥr jb=k nn ꜥ3mw.w jmnw ẖzj.w ḫm.w nṯr

"Was sind denn für dich diese Asiaten, o Amun,
diese Ärmlichen, die Gott nicht kennen?"[13]

11 pAnastasi I 23,7-24,1. Zum Lausbergschen "Wiedergebrauchstext" s. LANDWEHR, 148-149.

12 Grenzstele Sesostris' III. (Semnah 11-13; Uronarti 8-10: SEIBERT, *Charakteristik*, 194-195).

13 Qadesch-Poem, § 97. Vgl. auch *ꜥ3mw ẖzj* "ärmlicher Asiat" als Bezeichnung der Hyksos in der Kamose-Stele.

In diesen Aussagen gilt das Interesse dem *moralisch* verwerflichen Verhalten des Fremden: seine Haltung ist rundum [+ *jzf.t*]-, d.h. [- *m3ᶜ.t*]-markiert[14], wie der bewußt zweideutige Bezug auf das Krokodil bzw. den Asiaten in der zitierten Passage auch rhetorisch am wirksamsten zum Ausdruck bringt[15] - ähnlich wie in der Übertreibung physischer Züge in pAnastasi I.

Im übrigen ist zu beobachten, daß der Gebrauch einer bildlichen Stilfigur vornehmlich "topische" Texte (etwa Lehren und Weisheitstexte) kennzeichnet, während nach meiner Definition "mimetische" Textgattungen, in denen sich die Autonomie des Autors gegenüber dem gesellschaftlichen Vor-Urteil eher entfalten kann, seltener auf dieses rhetorische Mittel zurückgreifen[16].

§ 10 Die Anwendung des allegorischen Vergleiches "Fremder = Tier" weist in einem anderen wohlbekannten Weisheitstext eine *soziale* Konnotation auf:

14 Zur Polarität der zwei Begriffe vgl. OTTO, *AHAW* 1964, 1, 24-27. Man denke etwa an Charakterisierungen wie im Verspaar Neferti 68-69:
jw m3ᶜ.t r jjj.t r s.t=s jzf.t dr sj (Var.: *dr.tj*) *r rw.tj*
"Gewiß wird Maat an ihre Stelle zurückkehren, wenn Isfet vertrieben ist",
oder an den negativen Topos in Chacheperraseneb rto 11:
rdj.tw m3ᶜ.t r rw.tj jzf.t m ẖnw zḥ
"Maat ist vertrieben worden, und Isfet herrscht in der Ratshalle".
S. dazu zuletzt GUGLIELMI, *SAK* 11 (1984), 353-354.

15 Zu den rhetorischen Figuren in der ägyptischen Literatur s. GUGLIELMI, in: *LÄ* VI, 22-41 und in zahlreichen monographischen Aufsätzen. Zur Metapher und zur "Übertragung" in den ägyptischen Texten s. BRUNNER, in: *LÄ* I, 805-811 und die dort angegebene ältere Literatur; für einen Einstieg in die einschlägige literaturwissenschaftliche Problematik vgl. HAUG, *Formen und Funktionen der Allegorie*; zum historischen Hintergrund dieser noch einmal aristotelischen Terminologie vgl. EGGS, 316-339. Genau genommen handelt es sich bei der hier vorliegenden Übertragung eher um einen "Vergleich" (GUGLIELMI, in: *LÄ* VI, 986-989) oder generell um ein "Gleichnis" (OSING, in: *LÄ* II, 618-624, mit einem interessanten Beispiel S.619) als um eine Metapher oder Allegorie im engeren Sinne - s. die historische Analyse bei EGGS, 329 ff. - weil das Tertium Comparationis explizit erwähnt und nicht nur implizit angedeutet wird. Es darf nicht verwundern, daß der Vergleich mit dem Krokodil, wohl wegen dessen religiöser Stellung, auch mit positiver Konnotation verwendet werden kann: s. z.B. *Urk.* IV 616, 6-10. Zu den anderen Krokodil-Motiven, etwa in den Siegesstelen, s. BRUNNER-TRAUT, in: *LÄ* III, 794-795.

16 BRUNNER, in: *LÄ* I, 807; vgl. OSING, in: *LÄ* II, 618-624. Auch die Metapher gehört dem Bereich der altägyptischen "Sprech- (oder besser Schreib-) Sitten" an: SEIBERT, 11-54.

jw 3pd.w ḏrḏr.t r msj.t m ḫ3.t n.t t3-mḥw
jr.n=f zš r gs.w nʾ.tjw
stkn.n sw rmṯ.w n g3w
ḥḏ ḥm nf n bw-nfr
n3 n š.w qᶜḥ.w wn.jw ḫr wgs.w
wbn.w ḫr rmj.w 3pd.w
bw-nfr nb rwj.w pṯḫ t3 n qsn.t
m nf n ḏf3.w sṯ.tjw ḫt.tjw-t3
jw ḫrww ḫpr.w ḥr j3b.tt
jw ᶜ3mw.w h3j.w r km.t

"Ein fremder Vogel wird im Sumpfwasser Unterägyptens nisten,
nachdem er sich sein Nest in der Nachbarschaft der Stadtleute gebaut hat,
weil die Menschen ihn aus Not haben sich nähern lassen.
Der glückliche Zustand wird jetzt ganz gewiß verloren gehen:
die Teiche und Gewässer voller *wgs* -Vögel,
die mit Fischen und Vögeln glänzen.
Jeder schöne Zustand hat sich nun entfernt und das Land ist in Schwierigkeit [geraten,
wegen dieser "Speisen", nämlich die Asiaten, die das Land durchziehen:
ja, der Streit ist entstanden im Osten,
ja, die Asiaten sind nach Ägypten hinabgestiegen"[17].

"Vogel" bzw. "Speise" (= die Asiaten) vs. *nʾ.tjw* bzw. *rmṯ.w* ("Stadtbewohner" bzw. "Menschen") heißt in diesem Fall die Variante unseres Topos. Sie ist insofern interessant, als hier die Bedeutung der sozialen Opposition zwischen Beduinen und Ansässigen vermittelt wird, einer Opposition, die auch in anderen mittelmeerischen Kulturbereichen strukturelle - und sogar sprachliche[18] - Relevanz besitzt. Die Organisationsstruktur der Fremden ist "vogel-ähnlich", und ich möchte in diesem

17 Neferti 29-33. Zu diesem sehr "klassischen" Text s. BLUMENTHAL, *ZÄS* 109 (1982), 1-27 in Auseinandersetzung mit GOEDICKE, *The Protocol of Neferyt*. Für den zweiten und dritten Vers habe ich die Lesung von oPetrie 38 (*r-gs.w nʾ.tjw stkn.n sw rmṯ.w*) gegen pLeningrad 1116B (*r-gs.wj rmṯ.w stkn sw rmṯ.w*) vorgezogen, weil (a) die Wiederholung des Substantivs *rmṯ.w* in zwei aufeinander folgenden Stichen stilistisch unwahrscheinlich ist, und (b) die semantisch zu erwartende Vorzeitigkeit menschlichen Versagens am ehesten durch ein *sḏm.n=f* zum Ausdruck gebracht wird.

18 Man denke an den Gegensatz *badawī* vs. *ḥaḍarī* im Arabischen, der primär eine linguistische Opposition auf der dialektologischen Ebene darstellt: FISCHER - JASTROW, *Handbuch der arabischen Dialekte*, 23 ff.

Vergleich eine Anspielung auf das für die ägyptische Ideologie nicht vorhandene Bewußtsein einer *individuellen* Dimension in der Kultur der Asiaten erkennen. Dieser Punkt wird sich in der Diskussion der Mimesis-Figuren als besonders gewichtig erweisen.

Das Motiv der Störung und Zerstörung der ägyptischen sozialen Ordnung von ausländischer Seite begegnet auch in pragmatischen Texten des *politischen* Schrifttums: noch im Neuen Reich wird die nomadische Organisationsform (in diesem Fall der Hyksos) einer zerstörerischen Sozialstruktur gleichgesetzt:

jw ṯz.n=j stp ḥ3.t-^{c} *ḏr wn* ^{c}*3mw.w*
m-qb n(j) t3-mḥj ḥw.t-w^{c}*r.t*
šm3.w m-qb=sn ḥr sḫn jrj.t
ḥq3.n=sn m-ḫm.t r^{c}*w*
nj jrj=f m wḏ-nṯr nfr.yt ḫr ḥm.t=j

"Ich fügte zusammen was ausgelöst war,
seitdem die Asiaten in Unterägypten und Avaris waren,
und unter ihnen nomadische Truppen, die zerstörten, was da war;
sie regierten, ohne Re zu berücksichtigen,
und Er erließ keinen Gottesbefehl mehr bis hin zu meiner Majestät"[19].

Ein Echo der topischen Metonymie "Ausländer ∩ Tier" findet man auch in der Weisheitsliteratur des Neuen Reiches: nach ausführlichen Beispielen dafür, daß jedes Tier seine innere Natur und seine Lebensverhältnisse modifizieren oder mit Erfolg der Zähmung unterzogen werden kann, begegnet die Aussage:

^{B}*tw.tw (ḥr) sb3 nḥs.jw mdw.t rmṯ.w n km.t*
ḫ3r.w ḫ3s.tjw nb.t m-mj.tt
j.ḏd jrj=j m j3.wt nb.t
sḏm | *n3j=k mdw.wt rḫ=k p3 jrj.t=w*
| ^{Gc} *bw-rḫ=k jrj.t=k*

"Man bringt den Nubiern ägyptisch bei,
und den Syrern und allen Ausländern genauso;
sage: 'Ich will wie alle Tiere tun,

19 Speos Artemidos 36-38: vgl. GARDINER, *JEA* 32 (1946), 43-56.

[B] und deinen Worten hören', denn du weißt ja, was sie bewirken"
[Gc] und höre, denn du weißt nicht, was du tun sollst"[20].

Der Bezug auf die ⲘⲚ̄ⲦⲢⲘ̄Ⲛ̄ⲔⲎⲘⲈ als semantische Größe[21] ist insofern relevant, als gerade der Gebrauch der ägyptischen Sprache eine wesentliche Rolle in der Aufhebung der Opposition "*rmṯ* vs. Ausländer" in den Mimesis-Darstellungen spielt (s. unten § 15). Dieses Merkmal deutet m.E. auf das Vorhandensein in der ägyptischen Kultur des Bewußtseins einer speziell *sprachlichen* Dimension menschlichen Daseins hin[22].

§ 11 Separate Aufmerksamkeit verdient ein anderer Text der Weisheitsliteratur des Mittleren Reiches, in dem eine Klimax dreier Aussagen für die Zwecke dieser Untersuchung interessant sein dürfte:

(a) *ḫ3s.tjw ḫpr(.w) m rmṯ.w m s.t nb*
"Ausländer sind überall zu (ägyptischen) Menschen geworden"[23];

(b) *nn ms wn rmṯ.w m s.t nb*
"Es gibt nirgends mehr Menschen (d.h. anständige Ägypter)"[24];

(c) *ḫpr.t.n=f jm=f rḏj.t rḫ sṯ.tjw sšm.w n(j.w) t3*
"Die Folge davon ist, daß die Asiaten veranlaßt wurden, sich wie Ägypter zu verhalten"[25].

Formal könnte man diese Klimax so veranschaulichen:

(a) *ḫ3s.tj* → *rmṯ* +
(b) Ø ← *rmṯ* =

(c) *ḫ3s.tj* ≡ *rmṯ*

20 Ani B X, 5-7, Gc 6-Ende.
21 Vgl. KOSELLECK, 76 zur Bedeutung der Sprachbeherrschung im Barbarenbild der klassischen Welt.
22 S. JUNGE, in: *Festschrift Westendorf I*, 257-272.
23 Adm. 1,9. Die einschlägige Bibliographie findet man bei SPIEGEL, in: *LÄ* I, 65-66.
24 Adm. 3,2.
25 Adm. 15,1.

Hier tritt der semantische Gehalt von *rmṯ* am deutlichsten zum Ausdruck: *rmṯ* ist der *rḫ sšm.w nj.w t3* "derjenige, der die ägyptischen Sitten kennt", der eventuell auch infolge einer Anlernung bzw. einer Erziehung (s. oben § 9 zum Hinweis auf die Erlernung des Ägyptischen bei Ani) sich wie ein Ägypter zu verhalten weiß. Die Möglichkeit der fremden Aneignung ägyptischen Kulturgutes, die in den erwähnten topischen Aussagen als hyperbolisches Element dargestellt wird ("sogar den Nubiern kann man ägyptisch beibringen..."), wird hingegen in der Mimesis-Literatur zum literarischen Kennzeichen der fiktiven "Ägyptisierung" der Ausländerfigur und somit der Aufhebung der negativen Konnotation ihres angeborenen Status (s. § 15 unten).

§ 12 Auch das Verweilen eines Ägypters in der Fremde[26], die ⲘⲚ̄ⲦϢⲘ̄ⲘⲞ[27], stellt einen negativ markierten Topos literarischer (und auch außerliterarischer) Texte dar[28]: es handelt sich um ein Motiv der ramessidischen Wiedergebrauchsliteratur - man denke an die von mir als Motto meiner Studie gewählte "Sehnsucht nach Memphis"[29]:

bw ḫpr wp.t m dr.t=j
ḥ3.tj=j tfj.w ḥr s.t=f

"Keine Arbeit kann durch meine Hand gelingen,
wenn mein Herz fern von seinem Ort verweilt",

oder an die Mahnung von Ani, sich vor einer Beziehung mit einer Fremden zu hüten:

z3w tw r s-ḥjm.t m rwtj jw bw rḫ=s m n?.t=s
m-jr ṯnḥ=s m-ḫt sn-nw=s m-jr rḫ=s m ḥʿ.w
mw mḏw bw rḫ.tw pẖr s-ḥjm.t w3y.t h3y=s
jnk nʿ ḫr=s n=k rʿw-nb jw bn n=s mtr.w

26 HELCK, in: *LÄ* II, 310-311.

27 Vgl. exemplarisch pMoskau 127, 3,7: CAMINOS, *A Tale of Woe*, 38; ders., in: ASSMANN - FEUCHT - GRIESHAMMER, *Gedenkschrift Otto*, 147-153; FECHT, *ZÄS* 87 (1962), 12-31. Zu diesem Motiv in der koptischen Literatur s. J.HORNs Göttinger Dissertation (*Das Martyrium des Viktor, Sohnes des Romanos*, 224).

28 S. POSENER, in: ASSMANN - FEUCHT - GRIESHAMMER, *Gedenkschrift Otto*, bes. 391; vgl. auch v.BECKERATH, *RdE* 20 (1968), 1 ff. und BAINES, *JEA* 68 (1982), 40 mit weiteren Angaben du diesem Motiv in ägyptischen Texten.

29 pAnastasi IV 4,11-5,5.

"Hüte dich vor einer Fremden, die in ihrer Stadt unbekannt ist:
beobachte sie nicht, wenn sie mit ihrem Liebhaber ist,
und meide den sexuellen Verkehr mit ihr;
ein tiefes Wasser ohne Grund ist eine Frau, deren Ehemann weit weg ist.
'Ich bin schön', sagt sie dir jeden Tag - wenn keine Zeugen da sind!"[30].

Die beste Ausformulierung dieses Topos findet sich m.E. am Ende der ägyptischen Literaturgeschichte, und zwar im demotischen Weisheitstext des pInsinger[31]:

"Die Lehre, daß man den Ort, in dem man leben kann, nicht verlassen soll.

Eine geringe Arbeit und ein bescheidenes Essen sind besser als satt zu werden, während du in der Ferne bist (*jw=k wy*).

. . .

Der Gott, der in der Stadt ist, ist derjenige, von dessen Befehl der Tod und das Leben seines Volkes abhängen.

Der Gottlose (*p3 s3b3*), der zu einem Ausländer wird (*ntj jr šmʿ*), begibt sich selbst in die Hand des Übeltäters (*p3 sšr*).

Der Ruhm des Frommen (*[rmt] ntr*), der fern von seiner Stadt ist, ist nicht bekannter als der eines jeden anderen.

Derjenige, der fern von seiner Stadt stirbt, wird nur aus Mitleid begraben.

. . .

Die Stadt des Toren (*p3 lḫ*) ist ihm feindlich gesonnen, weil er ständig umherzieht.

Der Gottlose, der den Weg seiner eigenen Stadt verläßt, wird gerade von deren Göttern gehaßt.

Derjenige, dem das üble Umherziehen gefällt (*ntj mr qdj*), der findet noch eine gerechte Strafe.

30 Ani III,9-15.

31 Es handelt sich um die Zweiundzwanzigste Lehre: pInsinger 28,1 - 29,11. Zu diesem Text s. zuletzt ausführlich LICHTHEIM, *Wisdom Literature*, 147, 225-227, zu unserem Thema aber besonders 162-163, mit interessanten Vergleichen mit der hebräischen Weisheit des Jesus Ben Sira; dazu noch THISSEN, *Enchoria* 14 (1986), 199-201.

Auch die Krokodile bekommen ihre Portion von den Toren, wegen des ständigen Umherstreifens.

So leben die Menschen, die umherziehen:
Derjenige, der weg geht, indem er sagt: 'Ich will zurückkommen',
der kommt mit Gottes Hilfe zurück; aber derjenige, der fern ist und dessen Gebete fern bleiben (*p3 ntj wy jw p3j=f šll wy*), der wird auch von seinen Göttern verlassen (*n3j=f ntr.w wy n-jm=f*).

. . .

Der Fremde (*p3 šmᶜ*) ist überall der Diener eines Mannes niedrigen Standes (*rmt nhj*).

. . .

[Der Fremde] muß sich eine üble Tat von einer Frau gefallen lassen (*ḫr 3bḫ=f r btw n s-ḥjm.t*), nur weil er ein Ausländer ist[32].

. . .

Wenn ein Weiser in der Ferne ist, sehnt sich sein Herz nach seiner Stadt.

. . .

Gott ist derjenige, der den Weg durch die Weisheitslehren zeigt. Er ist derjenige, der den Gottlosen zu seinem nomadischen Umherstreifen veranlaßt.

Das Schicksal und das Glück, die einen treffen, werden von Gott geschickt."

Die historische Kontinuität der MN̄TϢM̄MO-Figuren in der ägyptischen literarischen Geschichte wird von topischen Textgattungen getragen: Schultexte, Weisheitslehren. Dabei scheinen mir die Argumente der negativen Markierung des Lebens im Ausland folgenden Erwägungen zu entspringen:

(1) die Bedeutung des Stadtgottes;
(2) der Zusammenhang zwischen Flucht ins Ausland und politisch-gesellschaftlichem Verbrechen;
(3) die Intervention Gottes in die Entscheidung, sich ins Ausland abzusetzen;
(4) der Gedanke an den Tod bzw. an das Grab als Moment der Rückbesinnung nach Ägypten;
(5) die natürliche Sehnsucht des Herzens nach seinen Wurzeln.

32 Zur negativen Konnotation weiblicher Figuren in der ägyptischen Literatur und zu ihrer Aufhebung im Falle einer mimetischen Ausländerin vgl. HELCK, in: *Festschrift Fecht*, 221-222 und § 20 unten.

Bei der Analyse der Ausländerpräsentation in den nicht-topischen Textgattungen werden wir interessanterweise feststellen, daß gerade diese fünf Dimensionen den Kern der "mimetischen" Auseinandersetzung literarischer Texte mit dem traditionellen ägyptischen Weltbild darstellen. In den hier besprochenen Passagen kristallisiert sich die ägyptische Erwartung, die Fülle ikonischer Vor-Urteile, die mit dem "Ausland" in Verbindung gebracht wurden. Inwieweit das Vor-Urteil dem eigenständigen Urteil entsprach, inwieweit die allgemeine Erwartung der dialektischen Wirklichkeitserfahrung des Einzelnen gerecht wurde, wird sich in den nächsten Paragraphen herausstellen.

§ 13 Kann die rein historistische Perspektive eine angemessene Interpretation der besprochenen Passagen bieten? Die Antwort muß selbstverständlich negativ ausfallen: Vor uns haben wir nämlich ein Korpus von Aussagen aus zeitlich recht unterschiedlichen Perioden, die aber alle einer spezifischen Textgattung, d.h. der Weisheitsliteratur im weiteren Sinne, angehören. Daß die Weisheitstexte diejenige literarische Gattung darstellen, die *per definitionem* das Wahre und Allgemeingültige wiedergeben und daher für topische Aussagen besonders geeignet sind, war übrigens eine auch von der explizit-ägyptischen (und nicht nur von der implizit-ägyptologischen: s. die Diskussion im §§ 6-7 oben) Literaturwissenschaft erreichte Erkenntnis, wie von den erwähnten Aussagen in pChester Beatty IV, die lediglich die Autoren von *Weisheits*texten namentlich identifizieren, eindeutig gezeigt wird. Dabei drängt sich auch ein typologisches Argument für die schon angesprochene Ausformung der Weisheitsliteratur als Transzendierung der Idealbiographie: sowohl die Weisheit als auch die Idealbiographie sind nämlich "zeitlos", sie bleiben von der Anfängen der ägyptischen Kulturgeschichte bin hin zur Spätzeit in produktivem Gebrauch erhalten[33]. Das Echo dieser topischen Aussagen in nicht-literarischen und diachronisch uneinheitlichen Texten läßt in diesen literarischen Konstrukten gesellschaftlich vorgegebenen "Wissensvorrat"[34] der ägyptischen Kultur über deren gesamte historische Entwicklung hinweg erkennen. Dieser Wissensvorrat und dieses kollektive Gedächtnis, die man semantisch wie folgt zusammenfassen kann:

33 S. dazu SCHENKEL, in: KEHRER, *Soziale Gleichheit*, 32-33.

34 SCHÜTZ-LUCKMANN, *passim*. In diesem Zusammenhang möchte ich noch einmal an den kollektiven (eher als individuellen) Charakter des in einer bestimmten Kultur (oder "Sinnwelt") verankerten Wissens erinnern; bei der topischen Darstellung der Ausländers handelt es sich um die literarische Wiedergabe eines der ägyptischen Gesellschaft inhärenten "kollektiven Gedächtnisses", was den Rekurs auf diesen traditionellen Wissensvorrat von seiten des Autors legitimierte. Zu diesem Problembereich im allgemeinen vgl. KRETSCHMER, in: HAUBRICHS, *Erzählforschung 2*, 191-215; in ägyptologischer Perspektive vgl. ASSMANN, in: ASSMANN - HARDMEIER, 89.

[+Ausländer] = { [+ Fremder], [+ Volk], [- *m3ᶜ.t*] },

treten vornehmlich in "charakterisierenden"[35] Kommunikationssituationen (sei es literarischer, sei es pragmatischer Natur) zum Ausdruck.

Die oben vorgeschlagene semantische Analyse entspricht dem sozialwissenschaftlichen Begriff einer "*Ihr-Einstellung*" der ägyptischen Gesellschaft und der Topos-Literatur zur Figur des Ausländers. Dabei ist das Merkmal [+ VOLK] besonders zu beachten: in all den bisher angeführten Ko-Texten war ständig von einer menschlichen "Kategorie" (der Nubier, der Asiat, der Fremde) und nie von Einzelnen die Rede, was übrigens als allgemeiner Wesenszug der Ihr-Einstellung anzusehen ist[36].

Abschließend möchte ich hervorheben, daß die topischen Darstellungen des Ausländers in der ägyptischen Literatur "axiologischen" Charakter besitzen[37]: in ihnen verdichtet sich zum Teil der Prozeß der Aneignung gesellschaftlicher Werte. Daß dieses Verfahren aber nur éine Seite des Prozesses der Wirklichkeitsbewältigung in ägyptischen literarischen Texten darstellt, sollen die nächsten Kapitel explizieren.

35 Zu diesem Terminus s. SEIBERT, *passim.*

36 "Typenhaftigkeit" bei SCHÜTZ-LUCKMANN, 107. Zur gesamten Problematik der "gesellschaftlichen Einstellungen" s. *ebd.*, 103 ff.

37 Vgl. DOLEŽEL, in: HAUBRICHS, *Erzählforschung 2*, 68 ff.

4 Zwischen Topos und Mimesis: der bewußte Nubier und der besiegte Libyer

§ 14 In diesem Paragraph möchte ich kurz auf eine Reihe altägyptischer Materialien eingehen, die - ohne literarisch zu sein - den kulturgeschichtlichen Ausgangspunkt eines Entwicklungsprozesses in der Ausländerpräsentation markieren und die dadurch ihre Berechtigung innerhalb einer literaturwissenschaftlichen Untersuchung finden, zumal sie einem Kontext entspringen, in dem die ägyptische literarische Entwicklung überhaupt ihren Anfang nahm, und zwar der Kontext des Grabes[1].

Es handelt sich um eine Gruppe von fünf Stelen der Ersten Zwischenzeit aus Gebelein[2], deren Besitzer sich selbst als *nḥsj* darstellen. Die Natur und die Struktur der nubischen Kolonie in der Gegend von Gebelein sind schon Gegenstand der ausführlichen Analyse Fischers gewesen[3]; mir geht es hier eher um die kulturgeschichtliche Relevanz einer Eigendarstellung von Ausländern gerade in einer Zeit, in der die endgültige Entfaltung des literarischen[4] Diskurses in Ägypten angesetzt werden kann. Die fünf Stelen bieten *Eigen*-Darstellungen, Darstellungen von Ausländern, die sich zu ihrem Ausländer-Sein bekennen. Dabei scheint mir die Synthese topischer und nicht-topischer Elemente besondere Aufmerksamkeit zu verdienen: topisch sind diese Darstellungen insofern, als sich der jeweilige Besitzer "nubisch" präsentiert, d.h. mit sämtlichen physischen Merkmalen versehen, die in der ägyptischen Sinnwelt mit dem Nubiertum in Zusammenhang gebracht werden: dunklere Haut, kleiner Bart, besondere Haartracht. Ästhetisch gesehen unterscheidet er sich also kaum von den zeitgenössischen Nubier-Darstellungen aus innerägyptischer Sicht. Nicht-topisch sind aber bestimmte Kennzeichen, die bei näherer Betrachtung dieser Denkmäler auffallen:

1 Vgl. ASSMANN, in: ASSMANN - HARDMEIER und § 6 oben.

2 VANDIER, *CdE* 18 (1943), 21-29; FISCHER, *Kush* 9 (1961), 44-80.

3 FISCHER, *ebd.*, 56 ff.

4 Und vielleicht nicht nur des literarischen: vgl. § 16 unten.

In MFA 03.1848 (*pars pro toto*) hat "der Nubier *Nnw*" anscheinend eine ägyptische Frau *Sḫ3(.t)-Ḥrw*; sie wird auch physisch anders dargestellt als etwa ihre Schwiegertochter *Jntf-ww*, die eine Nubierin ist; der Sohn der Paares, namens *Ḥsb-k3=j*, weist erwartungsgemäß sowohl ägyptische als auch nubische Züge auf. "Du hast dir die Schriften zur Abscheu gemacht und dich mit einer Kassitin angefreundet. Tue es nicht! Was soll das? Das ist ohne Nutzen!"[5] heißt doch der diesbezügliche ägyptische Topos, den man auch für frühere Zeiten als die seiner schriftlichen Fixierung in der Wiedergebrauchsliteratur ansetzen dürfte. Bezeichnend ist die Zeit der Entstehung dieser Darstellungen nicht etwa, weil eine solche Ehe nur in dieser Zeit bzw. in dieser geschichtlichen Situation möglich gewesen wäre, wie man oberflächlich behaupten könnte, sondern weil *ihre Darstellung*, d.h. die intellektuelle Beschäftigung mit dieser Problematik nur in einer Zeit des Aufkommens des individuellen Bewußtseins erklärt werden kann. Die in diesen Gebelein-Stelen explizierte Situation ist "wirklichkeitsnäher", also "mimetischer" als die ägyptische Erwartung und vermittelt uns außerdem auch eine bessere Einsicht in das ägyptische Selbstverständnis überhaupt: schon im vorigen Kapitel waren wir auf der Basis der Topos-Texte zum Ergebnis gelangt, daß "Ägypter" derjenige ist, der den *sšm.w nj.w t3* folgt; jetzt wird diese Vermutung durch die nubischen Stelen aus Gebelein erhärtet: der Ausländer, der in der ägyptischen Gesellschaft tätig ist, der also "die ägyptischen Sitten" kennt und praktiziert, mag zwar ethnisch ein Nubier sein, wird aber kulturell zu einem *rmṯ*.

Weitere Beweise für diese Lektüre werden von der Erwähnung seines *Namens* geliefert: der Nubier *Nnw*[6], sowie von der Tatsache, daß er sogar den ägyptischen Diener *Gnw* besitzt! Wo bleibt der Nubier, der schon durch das bloße Wort des ägyptischen Königs aus lauter Angst umfällt; der Nubier, der keinen Respekt verdient, denn er kann nur ärmlich und feige sein[7]? Kann man einem fremden Vogel, einem Tier[8], einen *rmṯ*-Diener wirklich zutrauen? Mir scheint klar, daß wir hier mit einer Ausländer-"Erfahrung" konfrontiert werden, die weitaus differenzierter ist, als

5 pLansing 8, 6-7.

6 Vgl. die präzise Untersuchung von BERGMAN, 93 ff., der insbesondere die Bedeutung des individuellen Namens bei der Herauskristallisierung einer Tradition der Weisheitsliteratur hervorhebt. Zur Relevanz des Namens als charakterisierenden Merkmals bestimmter Textgattungen vgl. generell TITZMANN, 433-434. Der Gebrauch des persönlichen Namens führt eine der rein topischen Ausländerpräsentation unbekannte individuelle Dimension in den Text ein: s. HELCK, in: *LÄ* III, 152-155. Vgl. auch sehr einleuchtend LÜBBE, in: MARQUARD - STIERLE, *Identität*, bes. 279: die Namen sind die "Überschrift" der gesamten Historie eines Individuums, "und nur über Geschichten" gibt es Zugang zu ihnen. Dagegen bleibt der klassische Antiheld, dessen vollkommene Bösartigkeit es zu emphatisieren gilt, oft anonym: vgl. CALABRESE, 41.

7 Semnah 11-13 - Uronarti 8-10 paraphrasierend.

8 Neferti 29-33 bzw. Ani B X,57 paraphrasierend.

die literarischen Topoi glauben ließen. Der Topos stellt nur ein Moment der ägyptischen Auseinandersetzung mit dem "Ausland" bzw. mit dem "Ausländer" dar: jenseits des Topos, und manchmal sogar neben dem Topos (wie auf den hier angesprochenen Stelen) bahnt sich die Beschäftigung mit dem individuell bewußteren Fremden an. Der ägyptisierte, der "integrierte" Ausländer erfährt und teilt dieselben kulturgeschichtlichen Bewegungen wie der autochthone Ägypter: wenn die Rolle der Person in der Gesellschaft, die Auseinandersetzung zwischen struktureller $m3^{c}.t$ und individuellem *rn* zu Gegenständen akuter geistiger Meditation werden, dann tritt auch der ausländische *rmṯ* auf, mit seiner ägyptischer Familie, mit seinem Namen.

In der Zeit zwischen dem Ende des Alten Reiches und dem frühen Mittleren Reich fängt der zum Ägypter gewordene Ausländer an, *sich selbst* darzustellen. Wie kompliziert jedoch die Begriffsbestimmung der *sšm.w nj.w t3* auch für den zeitgenössischen Ägypter gewesen sein muß, kann aus einer topischen Szene auf einer Stele nicht ersehen werden: dazu bedarf man der literarischen Ausformulierung, dazu braucht man die Mimesis.

§ 15 In der heterogenen Textgattung, die ich oben § 6 als "königlicher Diskurs" rubriziert habe, finden sich einzelne Ansätze, die auch als Brücke zur Behandlung der Mimesis gebraucht werden können. Ich denke hier vor allem an die Israelstele von Merneptah[9], in der, neben den topischen Aussagen des im Kapitel 3 besprochenen Typs, etwa

9 Zu diesem Text s. zuletzt FECHT, in: *Festschrift Brunner*, 106-138 und HORNUNG, in: *ebd.*, 224-233. Als Texte narrativer Natur, in denen die Ausländerpräsentation ebenfalls nach den hier skizzierten Kriterien erfolgt, könnten u.U. auch der "Streit zwischen Apophis und Seqnenra" (pSallier I 1,1-3,3; s. jetzt GOEDICKE, *The Quarrel of Apophis and Seqenenre*^{c}, bes. 28-31) oder die "Einnahme von Joppa" (pHarris 500 1,1-3,14) angesehen werden, so daß diese Kriterien generell für die Präsentation des ausländischen Herrschers im Rahmen des "königlichen Diskurses" kennzeichnend wären (S. z.B. auch die demotische Erzählung von Setne-Chaemwase und Si-Osire, wo der ägyptische König und der nubische Herrscher der Gefahr magischer Praktiken sozusagen gleichermaßen ausgesetzt sind; der nubische Herrscher hat aber keinen Eigennamen - wohl aber die nubischen Magier, die moralisch wertfrei bleiben!). Der fragmentarische Zustand bzw. die Nicht-Erhaltung besonders derjenigen Teile des Textes, in denen die Dialektik mit dem Ausländerfürsten eine wesentliche Rolle gespielt haben dürfte - etwa der Anfang der Einnahme von Joppa bzw. das Ende des Streites zwischen dem Hyksos und dem einheimischen König - läßt jedoch keine endgültigen Rückschlüsse auf den allgemeinen Tenor der Ausländerpräsentation zu. Topisch erscheint mir auf alle Fälle die negative Konnotation, die [-$m3^{c}.t$]-Markierung beider Figuren, nicht topisch hingegen die "Du-Einstellung" des ägyptischen Gesprächspartners zu ihnen. Obwohl die ägyptische Narrativik im allgemeinen

ḏj=f ḫtj rbw dgs km.t nrj ꜥ3 m ḥ3.tjw=sn n t3-mrj

"Er veranlaßte, daß die Libyer, die Ägypten betreten hatten, zurückweichen, mit großem Schrecken in ihrem Herzen wegen Ägypten" , oder

wr.w nb.w pḫd(.w) ḥr ḏd Š-R-M
bn wꜥ ḥr f3(j.t) tp=f m t3 pḏ.wt 9
ḫf.n tḥnw ḫt3 ḥtp(.w)
ḥ3q p3 K-N-ꜥ-N bjn nb

"Alle Fürsten sind niedergeworfen und sagen 'Frieden!',
und es gibt keinen der Neunbogen, der seinen Kopf erhebt;
Libyen ist zugrunde gegangen, Chatti ist in Frieden,
und Kanaan ist erbeutet mit allem Übel"[10],

auch eine "persönlichere" Perspektive zum Vorschein kommt, und zwar in der Darstellung des libyschen Fürsten Meri: sein Schicksal als *selbständige* Person wird gesondert geschildert, quasi exemplarisch für sein gesamtes Volk aber doch mit selbständigem Auftreten. Sicher ist er

p3 wrj ẖzj ḫrw n(j) rbw (6)
"der ärmliche und feindliche Fürst von Libyen" bzw.

p3 ḫmw ẖzj ḫrw n(j) rbw (19)
"der ärmliche und feindliche Ignorant von Libyen",

aber daneben treten noch im Text Bezeichnungen auf, die von einer innerlibyschen kulturellen Perspektive ausgehen und deshalb von den Libyern selbst stammen müssen:

wrj ḫsf(.w) š3j bjn <m> mḥ.t (8)
"der Fürst, dem das böse Schicksal den Federschmuck geraubt hat"
und sogar einen *Namen* [11]:

"mimetische" Ausländer präsentiert, würde ich in diesen Fällen dem Systemzwang des behandelten Stoffes, der kriegerischen Auseinandersetzung mit dem Ausland, die entscheidende Rolle bei der Reduzierung mimetischer Merkmale beimessen.

10 S. z.B. CG 34025, vso 5 bzw. vso 26 (Karnakstele 36).

11 Vgl. Anm. 5 oben.

M-R-J m bw.tj n jnb-ḥḏ wꜥ z3 wꜥ <m> mhw.t=f r ḏ.t (9)
"Meri ist der Verabscheute für Memphis, und auch jeder Sohn seiner Sippe, in Ewigkeit", bzw.

M-R-J p3 jrj ḏw.t (14)
"Meri ist derjenige, der Böses tat".

Auch hier, wie in den nubischen Gebelein-Stelen der Ersten Zwischenzeit, erkennt man, mit Sicherheit noch *in nuce*, an den Horizont[12] der Beschreibung gerückt und ohne präzise Konturen, Ansätze einer individuumsorientierten Darstellung des Ausländers, die weit über eine rein apotropäische Erwähnung des Namens - wie etwa in den Ächtungstexten[13] - hinausgeht.

Eine ähnliche typologische Brücke zwischen dem Verwendungsbereich des Topos und dem der Mimesis bilden auch hymnische Texte, insbesondere die Aussagen der Großen Aton-Hymne: Aton schuf nämlich *rmṯ.w mnmn.t ꜥw.t nb* (8) "alle Menschen, Herden und Kleinvieh", *ḫ3s.wt ḫ3r k3š t3 n(j) km.t* (8) "die fremden Länder, Syrien und Nubien, und das Land Ägypten", und auch der Sprachunterschied findet Anerkennung, ohne "asymmetrisch"[14] negiert zu werden.

Dabei muß berücksichtigt werden, daß Texte, die dem religiösen Kontext entstammen, grundsätzlich als außerliterarisch zu betrachten sind[15], weil sie in der Dialektik zwischen Verfasser und Rezipienten die Übereinstimmung des Rezipienten über den

12 Zu diesem Begriff in der literaturwissenschaftlichen Forschung und zur Opposition "Thema" vs. "Horizont" vgl. ISER, *Der Akt des Lesens*, 161-169 und GUMBRECHT, in: *Literatur in der Gesellschaft des Spätmittelalters*, 99-100: "Von Systemen selegierte Erlebnisinhalte werden zum Thema, zum Objekt menschlicher Aufmerksamkeitszuwendung, während von Systemen negierte Erlebnisinhalte an den Horizont gerückt werden. Das heißt: sie werden 'im Unbestimmten belassen', können aber jederzeit zum Thema gemacht werden". Gerade dieser Prozeß einer "Erhöhung zum Thema" der Persönlichkeit der Ausländerfigur findet in der ägyptischen Literatur in den Mimesis-Texten statt: s. unten §§ 16 ff. Vgl. noch STIERLE, in: HENRICH - ISER, 173-182; ders., *Poetica* 7 (1975), 384 ff.

13 S. z.B. ALTENMÜLLER, in: *LÄ* I, 355.

14 Wie im Falle der Topos-Darstellungen: vgl. § 8 oben.

15 Vgl. § 6 oben. Dasselbe dürfte nicht nur für den Bereich der Literatur, sondern für die von religiösen Erwägungen motivierte Kunst im allgemeinen gelten: vgl. HENRICH, in: MARQUARD - STIERLE, 182-185.

Wahrheitsgehalt der enthaltenen Aussagen voraussetzen; sie gehören also in eine "pragmatische" Kommunikationssituation[16], d.h. sie "gebrauchen" Aussagen, sie "erwähnen" sie nicht[17]. Allerdings spricht der in vieler Hinsicht einmalige Charakter der Amarna-Hymnik innerhalb der religiösen Textgattungen Ägyptens - einmalig z.B. im Sinne der sprachlichen Gestalt oder der dargestellten Königsdogmatik, nicht aber notwendigerweise der zugrunde liegenden Theologie[18] - dafür, daß es sich um einen "individuellen Vorstoß in den Traditionsraum der Literatur" handeln kann[19].

16 FISCHER, in: BRACKERT - LÄMMERT. Band 1, 258.
17 Zur Opposition zwischen "Use" (dem Gebrauch einer Aussage oder eines Ausdrucks unter primärer Berücksichtigung des äußeren semantischen Bezugs) und "Mention" (der primären Berücksichtigung der textinternen Dimension der betreffenden sprachlichen Sequenz), die mit der Jakobsonschen Gliederung einige Berührungspunkte aufweist (etwa "Use" = "referentielle Funktion" und "Mention" = "poetische Funktion"), s. SPERBER - WILSON, 303 ff. und § 17 unten.
18 S. zuletzt ASSMANN, *Re und Amun*, 97 ff.
19 ASSMANN, *OLZ* 69 (1974), 125.

5 Sinuhe als Asiat

Mutato nomine de te fabula narratur

HORAZ

§ 16 Diese individuellen Abweichungen vom topisch Vorgegebenen in den oben erwähnten Texten werden in der Erzählliteratur[1] systematisch ausgebaut und von spezifischen rhetorischen Mitteln begleitet, auf die ich in diesem Kapitel anhand der Sinuhe-Erzählung eingehen möchte. Die Textabschnitte, in denen die Figur von Ammunenschi, Fürst von Oberretjenu, dargestellt wird bzw. sich selbst darstellt, werden in einem kurzen Kommentar erläutert.

jr.n=j gs-rnp.t jm jnj wj ʿ-mw-nn-š-j ḥq3 pw n(j)
rṯnw-ḥrj.t ḏd=f n=j nfr tw ḥnʿ=j sḏm=k rʔ n(j) km.t
ḏd.n=f nn rḫ.n=f qd=j sḏm.n=f šs3=j mtr.n wj rmṯ.w km.t
ntj.w jm ḥnʿ=f ʿḥʿ.n ḏd.n=f n=j pḥ.n=k nn ḥr-m jšst pw
jn-jw wn ḫpr.t m ẖnw

1 Einige theoretische Fragen im Problembereich der Analyse narrativer Texte - des literarischen Rahmens, in dem die Verfahren der Mimesis-Darstellung am häufigsten eingesetzt werden - werden in den nächsten Paragraphen anhand meiner ägyptischen Fallstudie diskutiert. Grundlegend für meine Perspektive ist MARTINEZ-BONATI, *Fictive Discourse*, insbesondere die dort eingeführte Opposition zwischen dem "narrative-descriptive" mimetischen und dem "non-mimetic, theoretical" Diskurs, der funktional meinem Topos gleichzusetzen ist. Ich möchte aber schon jetzt vorausschicken, daß in einer ägyptologischen "Narrativik" Erwägungen aus allen Forschungsrichtungen eklektisch herangezogen werden müssen: der semiotisch-strukturalen - ist ein ägyptischer narrativer Text in eine bestimmte, ihm eigene Inhaltsform mit konstanten Erzählfunktionen eingebunden? -, der pragmatisch-textlinguistischen - bezeugt ein ägyptischer narrativer Text eine andere Kommunikationssituation mit anderen pragmatischen Rollen als die nicht-narrativen Textgattungen? - und der syntaktisch-empirischen - bedient sich ein ägyptischer narrativer Text einer linguistisch identifizierbaren und gattungsspezifischen "Grammatik der Erzählung"? - Vgl. HAUBRICHS, in: ders., *Erzählforschung 1*, 7-28; BAUM, in: HAUBRICHS, *Erzählforschung 2*, 16-45.

"Dort verbrachte ich ein halbes Jahr, indem Ammunenschi, der Herrscher der Oberretjenu, mich bei ihm aufnahm und mir sagte: 'Es geht dir gut bei mir: du wirst hier ägyptisch hören!'. - Er sagte es, weil er meinen Charakter kannte und über meine Eigenschaften gehört hatte, wobei einige Ägypter, die dort bei ihm waren, für mich zeugen konnten. - Danach fragte er mich: 'Warum bist du denn hierher gelandet? Ist etwas in der Residenz geschehen?'"[2].

Dies ist die erste Präsentation eines Ausländers als "Person"[3] mit einer ihm eigenen Identität[4] in der ägyptischen Literaturgeschichte, und das literarische Auftreten dieser Figur bedient sich derjenigen textuellen und kon-textuellen Merkmale, die ich als Konstituenten des ägyptischen "mimetischen" Literaturbegriffs ansehen möchte.

(A) *Die textuelle Dimension.* Die Figur des Ausländerfürsten wird ohne Unterbrechung der Erzählungssequenz in das narrative Handeln eingeführt. Einen textlinguistischen Beweis dafür liefert die grammatische Struktur des betreffenden Syntagmas: eine eingebettete, "backgrounding"[5] Verbalform, deren zeitliche Referenz erst von der vorangehenden Konstruktion, nämlich der Vergangenheitsform *jr.n=j* "ich verbrachte", abgeleitet werden kann, deren Subjekt aber (der Personenname!) als Konstituente der Erzählungssequenz unmittelbar zum Vorschein kommt. Damit wird - im Gegensatz zur Darstellung des "topischen", sozial konnotierten Fremden in den Weisheitstexten - die *Selbstverständlichkeit* des Auftretens dieser individuellen Gestalt suggeriert; und dadurch, daß dies eine Umkehrung des sozialen Weltbildes des ägyptischen Lesers darstellt, wird diese Selbstverständlichkeit in den Blickpunkt seiner Aufmerksamkeit gerückt.

2 Sin. B 29-36. Zur Wahl der in diesem Textabschnitt gebrauchten Suffixkonjugationsformen *sḏm.n=f* vs. *sḏm=f*, denen eine sehr genau gegliederte Hierarchie von Aufmerksamkeitsfokussen zugrunde liegt, vgl. LOPRIENO, in: ENGLUND - FRANDSEN, 269-272.

3 Zur Anwendung dieses Begriffes in der ägyptologischen Forschung vgl. ASSMANN, in: *LÄ* IV, 963-978, der die grundsätzliche Unterscheidung zwischen "Personalität" (d.h. die historische Daseinsform des Menschen mit dem Komplex seiner psychologischen Eigenschaften) auf der einen Seite und "Persönlichkeit" (d.h. das der Nachwelt überlieferte biographische Selbstbild) auf der anderen einführt. Im Laufe meiner Ausführungen soll gezeigt werden, daß die mimetische Darstellung einzelner Ausländerfiguren mit dem Aufkommen eines individuellen *Identitäts*konzeptes in der ägyptischen Literatur zusammenhängt. Zu einer konkreten Anwendung dieses Begriffs in der literaturwissenschaftlichen Analyse narrativer Textgattungen vgl. exemplarisch MARTINEZ-BONATI, *Fictive Discourse*, der hervorhebt, daß ein wesentliches Merkmal der Mimesis in deren singularischem Bezug besteht; vgl. auch WARNING, in: MARQUARD - STIERLE, 553-589.

4 Vgl. grundlegend HENRICH, in: MARQUARD - STIERLE, 133-186 und LÜBBE, 277-292.

5 Vgl. LOPRIENO, in: ENGLUND - FRANDSEN, 255 ff.

Die Präsentation des Ammunenschi erfolgt erstens durch die Erwähnung seines *Namens*, auf dessen Relevanz im Rahmen des ägyptischen Persönlichkeitsbegriffs ich schon oben hingewiesen habe[6], und dann seiner *Funktion* ("er war nämlich der Herrscher der Oberretjenu"); und gerade dieses Konzept, d.h. die Rolle des Individuums innerhalb des sozialen Gewebes, stellt in der ideologischen Konstitution des Mittleren Reiches das Symbol seines absoluten Wertes als Mensch dar[7]. Ammunenschi ist nicht einfach ein Asiat, und dadurch eigentlich ein Un-Mensch, sondern primär ein *Herrscher* - mit einem ihn ausweisenden *Namen* als Moment der Verdichtung seiner individuellen Leistung - und dadurch ein *Mensch*. Schon beim ersten Auftreten dieser außerordentlichen literarischen Figur werden explizite Merkmale deren Charakterisierung als Individuum deutlich, wobei dieser Gestalt im weiteren Verlauf der Erzählung immer wieder neue [+ *rmṯ*] -markierte Eigenschaften zugesprochen werden.

Ammunenschis erste Äußerung ist "metasprachlich": nachdem er durch den oben beschriebenen stilistischen Kunstgriff scheinbar nur beiläufig eingeführt, *de facto* aber zur Hauptfigur der narrativen Sequenz befördert wurde, erwähnt er jetzt sogar die ägyptische Sprache (*rʔ nj km.t*) als kennzeichnende Größe seines eigenen sozialen Daseins: "Du wirst hier ägyptisch hören!". Damit wird der Prozeß expliziter Umkehrung derjenigen weltbildlichen Bezüge abgeschlossen, die wir als archetypischen Bestandteil des "topischen" Ausländers identifiziert hatten: (a) die in den topischen Texten übliche ethnische Verallgemeinerung des Fremden als pauschaler, negativ konnotierter Größe (vgl. Kap. 3), wird in Sinuhes "mimetischer" Konstruktion der Wirklichkeit durch das Auftreten des individuellen, namentlich erwähnten und in seiner sozialen Funktion gewürdigten Ausländers ersetzt; (b) der Fremdsprachigkeit des topischen Ausländers, dem ägyptisch beizubringen als literarische Stilfigur mit der Zähmung eines Tieres korreliert[8], wird Ammunenschis fiktionale Aufnahme in den Kreis der Ägyptischsprachigen entgegengesetzt. Hier wird die Grenze, die den *rmṯ* ausmacht und die in den topischen Weisheitstexten im

6 Vgl. BERGMAN, 93 ff. Dabei ist m.E. zu beachten, daß der Personennamen des Beduinenherrschers hier nicht - wie etwa im Falle des Libyerfürsten Meri in der Siegeshymnik - als *Zusatz*information dem narrativen Geschehen sozusagen beigefügt wird, sondern dem gesamten narrativen Fluß *voraus*geht: der Name steht in diesem Text im Vordergrund der besprochenen Ereignisse, während er sich im "königlichen Diskurs", der ja typologisch eine Zwischenstufe zwischen "topischer" und "mimetischer" Ausländerpräsentation (s. Kap. 4) einnimmt, noch im Vorfeld einer bewußten Charakterisierung der individuellen Persönlichkeit eines Fremden befindet.

7 Vgl. Kap. 8 unten.

8 Ani B X, 5-7; vgl. KOSELLECK, 76.

prägnanten Konzept der *sšm.w nj.w tꜣ*[9] zusammengefaßt wird, endgültig überschritten, wie selbst Sinuhes nachfolgende Worte zu erkennen geben: in Ammunenschis Milieu befanden sich *rmṯ.w km.t* "Leute aus Ägypten", ein Ausdruck, welcher der einfachen topischen Gleichsetzung "*rmṯ* = Ägypter" eindeutig zuwiderläuft. Die Notwendigkeit einer Determinierung des Begriffes *rmṯ* wird jetzt bis hin zum Ende der ägyptischen Kulturgeschichte bestehen und auch ihren Eingang in die topische Literatur finden: an der Schwelle der Ptolemäerzeit bedient sich Petosiris in seiner Grabinschrift des Terminus *ḫꜣs.tjw*[10] "Ausländer", häufiger aber des expliziteren Ausdrucks *rmṯ.w ḫꜣs.wt*[11] "ausländische Menschen".

Das Verfahren der Anerkennung des Ausländers als autonomer Person - in diesem Zusammenhang kommt dem Konzept der "Person"[12] eine besondere Bedeutung zu, auf die ich im Abschnitt (B) unten zurückkommen werde - ist in den folgenden, für die ägyptische Gesellschaft des Mittleren Reiches charakteristischen Hierarchien enthalten:

MIMESIS		TOPOS
Name	>	Charakteristik
Erwähnung im Vordergrund	>	Darstellung im Hintergrund
Individuelles Auftreten	>	ethnische Konnotation
sprachliche Kompetenz	>	sprachliche Unzulänglichkeit
Menschliches Dasein	>	Un-menschliches Dasein

Den Gipfel dieser Klimax stellt Ammunenschis zweite Aussage dar, die zwei echte Informationsfragen enthält; zwei Fragen, die - weil sie jeder *Ägypter* gestellt hätte -, den hier besprochenen Prozeß der fiktionalen Ägyptisierung Ammunenschis verdeutlichen: "Warum bist du denn hierher gekommen? Ist etwas in der Residenz geschehen?". Damit sich ein Mensch der Un-Kultur freiwillig aussetzt, muß eine politische Gefahr vorliegen. Sinuhe Aufnahme in die asiatische Welt entspricht Ammunenschis gleichzeitiger Einfügung in die ägyptische Sinnwelt. In der literarischen Fiktion des mimetischen Textes kristallisiert sich allmählich das ägyptische

9 Adm. 15, 1.

10 Vgl. Petosiris 59,3.

11 Petosiris 59, 2, 4; 62, 3. Zu einer ausführlichen historisch;en Bewertung dieser und anderer Inschriften der Spätzeit s. jetzt die Habilitationsschrift von U.Rößler-Köhler, *Individuelle Haltungen zum ägyptischen Königtum der Spätzeit.*

12 Vgl. ausführlich ASSMANN, in: *LÄ* IV, 963 ff.

Bewußtsein der menschlichen Vielfalt heraus, ein Phänomen, auf das ich im Kapitel 8 eingehen möchte.

(B) *Die kontextuelle Dimension.* Für die Zwecke unserer Diskussion kommt drei kontextuellen Phänomenen dieses Dialogabschnitts eine besondere Relevanz zu:

(a) Ammunenschi kennt Sinuhes "Charakter";
(b) bei ihm verweilen auch andere Ägypter;
(c) "Ist etwas in der Residenz geschehen?".

Die Hervorhebung von Sinuhes positiven Eigenschaften steht hier ganz im Sinne der Diskussion um den *rn* "Namen", d.h. die symbolische Verdichtung jenes individuumsspezifischen Begriffs, den ich im § 6 oben als kennzeichnende Größe des mimetischen Literaturbegriffs angesetzt habe. Sinuhes "Charakter", und nicht etwa sein gehobener gesellschaftlicher Status, spielt die entscheidende Rolle bei der positiven Aufnahme in den fremden Kreis. In der Literatur bahnt sich m.E. eine Revision gesellschaftlich und politisch akzeptierter Werte, und somit auch die Frage nach dem absoluten Maßstab allgemeingültiger Denkschemata an. Und gerade in der Zeit, da der ägyptische Staat zu einer Konsolidierung des wirtschaftlichen und politischen Apparats gelangt, kommt auch das Bedürfnis nach individueller (d.h. kritischer) Auseinandersetzung mit dieser offiziellen Sinnwelt intensiver auf[13].

Die ägyptische Kulturgeschichte zeigt, daß in den Epochen wiedergewonnener politischer Stabilität die sich in der Gesellschaft verfestigenden sozialen Werte in der Literatur bzw. in der Kunst gleichzeitig herausgefordert und auf ihre allgemeine Gültigkeit hin überprüft werden: so werden auf der einen Seite einige dieser Werte in literarischen Topoi bzw. (an)ikonisch in der Abstraktheit der zeitgenössischen Rundplastik festgelegt[14], auf der anderen Seite jedoch die Forderung nach kritischer Verifizierung etablierter Denkmodelle in literarischer Mimesis bzw. in künstlerischem Interesse am Detail oder am Physiognomischen fiktionalisiert: ein sehr bezeichnendes Beispiel aus dem Bereich der Kunst ist die Darstellung der *ᶜ3mw* im Grab des Chnumhotep in Beni Hasan, insbesondere ihres namentlich erwähnten (vgl. den *rn*-Begriff!) Herrschers (vgl. den "Funktions"-Begriff!): "der Hyksos Abischar"[15]. In

13 Vgl. Kap. 8 unten; s. bahnbrechend MARQUARD, 53 und ASSMANN, in: ASSMANN - HARDMEIER, 82-88.

14 Insbesondere in den zwei Typen, die während dieser Zeit dem Typenrepertoire des Alten Reiches hinzugefügt werden, nämlich Würfelhocker und Mantelstatue: vgl. ASSMANN, in: ASSMANN - BURKARD, 15-19.

15 Vgl. NEWBERRY, *Beni Hasan I*, Tf. XXVIII und XXX.

diesem Zusammenhang hat man schon[16] sehr zutreffend von "Veränderungen alter Typenbilder durch Augenschein" gesprochen; das ist gerade die Beschreibung des Prozesses, der auf literarischer Ebene von der Mimesis herbeigeführt wird: die "alten Typenbilder" sind die Konzepte, die sich in literarischen Topoi niederschlagen, die eingeführte "Veränderung" basiert auf der Intervention des Autors als autonom die Welt interpretierender Instanz. Anders als der topische, in seinen ethnischen Merkmalen unpersönlich festgelegte Ausländer, hätte der *ḥq3-ḫ3s.t* Abischar, genauso wie der Retjenu Ammunenschi, nur in dieser Zeit repräsentiert werden können[17]: beide Figuren explizieren das Aufkommen der "Du-Einstellung" zur Ausländerfigur. Wohlgemerkt: Abischar entspringt m.E. genauso wenig wie Ammunenschi der realen "Wirklichkeit"; beide sind aber "wirklich"[18] in dem Sinne, daß sie das Ergebnis eines Problematisierungsprozesses rezipierter Denkschemata darstellen. In ihrem mimetischen *rmṯ*-Werden verdichtet sich symbolisch die kritische Beschäftigung des ägyptischen Autors bzw. Künstlers mit den Instanzen, die in der ägyptischen Kultur den *rmṯ* traditionell ausmachen: individueller Name, soziale Funktion, politischer Status; im Bereich der Kunst könnte man auch an die repräsentative (und nicht mehr lediglich religiöse) Funktion der Rundplastik des Mittleren Reiches verweisen: diese Kunst, mit der ihr eigenen Hervorhebung der direkt auf die anikonische Trägermaterie eingeritzten Schrift, dient jetzt auch der visuellen Wiedergabe individueller Stellung und Leistung[19]. Die Kunst und die Literatur unterliegen also ähnlichen kulturgeschichtlichen Entwicklungslinien, so daß vielleicht in Ägypten erst mit dem Aufkommen der individuellen Identitätsfrage, also mit der Ersten Zwischenzeit bzw.

16 HELCK, in: *LÄ* II, 316-317.

17 Auch die vorderasiatische Archäologie liefert indirekte Beweise, die zur Identifizierung der Merkmale der *ḥq3.w-ḫ3s.wt*-Kultur in der Mittleren Bronzezeit I beitragen können: vgl. RAINEY, 374-379. "Hyksos" war keine nationale oder ethnische Bezeichnung, sondern bezog sich in dieser Zeit auf die Herrscher der amoritischen Stadtstaaten (*ʿ3mw*), im Gegensatz zu den nomadischen Asiaten, die unter die Bezeichnung *Sṯ.tjw* subsumiert wurden. Die Opposition zwischen beiden Formen des Asiatisch-Seins dokumentiert auch Sinuhe, der die *ḥq3.w ḫ3s.wt* (unter denen auch die Oberretjenu zu zählen sind) gegen den Angriff der *Sṯ.tjw* militärisch verteidigt (B 97 ff.).

18 Vgl. COSTA LIMA, 520 und ISER, in: HENRICH - ISER, bes. 149-150: "Dadurch eröffnen die Akte des Fingierens im fiktionalen Text eine dialektische Beziehung zwischen dem Imaginären und dem Realen, woraus folgt, daß die Akte des Fingierens, die in den jeweils beschriebenen Stadien immer ein Reales setzen, um es zu überschreiten, gleichzeitig mit einem solchen Umformulierungsprozeß die Bedingungen seiner Verstehbarkeit parat halten".

19 Vgl. z.B. das Interesse am Physiognomischen auch in der königlichen Porträtkunst, u.a. WESTENDORF, *Das Alte Ägypten*, 90 (es gilt, "das Schwinden göttlicher Autorität in seiner Person durch den Einsatz menschlicher Qualitäten [zu] kompensieren").

den Anfängen des Mittleren Reiches, nicht nur von einer *Literatur*, sondern auch von einer *Kunst* im engeren Sinne die Rede sein dürfte[20]. Der Ausländer-Topos wird natürlich nicht verworfen; im Gegenteil, er wird zum einen in literarischen Texten (Weisheitslehren, u.s.w.) transzendiert, zum anderen aber durch das Aufkommen einer neuen Autor-Leser Dialektik in mimetischen Darstellungen herausgefordert und überprüft. Die topische Antwort entspringt der gesellschaftlichen $m3^{c}.t$, die mimetische dem individuellen *rn*, d.h. der Beschäftigung mit dem eigenen Ich, mit dem Eigen-Namen. Aus dem dialektischen Spiel zwischen diesen zwei Momenten speist sich der spezifisch literarische Diskurs, weil die Entwicklung einer Literatur *stricto sensu* kaum von unidimensionalen Wahrnehmungen der Wirklichkeit gefördert werden kann.

In diesem Sinne möchte ich an einen neueren Denkanstoß aus einem anderen Bereich der Ägyptologie erinnern[21], in dem der Frage nach der Existenz politischer Bewegungen bzw. "Parteien" im Alten Ägypten nachgegangen wird. Auch dieser historischen Untersuchung liegt die Auffassung zugrunde, daß monokausale bzw. -dimensionale Erklärungsmodelle der Komplexität altägyptischer Verhältnisse nicht gerecht werden[22]. Auch die literarische, und nicht nur die politische Geschichte Ägyptens gebietet m.E. die Annahme zweier dialektisch wirkender Momente im Prozeß der Herauskristallisierung eines autonomen künstlerischen Diskurses.

Aber zurück zu unserer Sinuhe-Abschnitt. Die beiläufige (noch einmal auch sprachlich, durch die Wahl einer "background"-Konstruktion, eindeutig als solche zu charakterisierende) Erwähnung der Anwesenheit anderer Ägypter am Hofe Ammunenschis enthält eine weitere implizite Infragestellung der ägyptischen "Erwartung". Wie ich im § 12 oben zu zeigen versuchte, weist das Verweilen eines Ägypters in fremdem Gebiet eine negative Konnotation auf; in dieser Passage erfahren wir dagegen, daß anscheinend Sinuhes Lage keineswegs singulär ist. In der ägyptologischen Exegese wurde dies (durchaus zu Recht) als Hinweis auf die gewissermaßen widersprüchliche Natur der Beziehungen des Ägypters zur Fremde ausgelegt: zum einen evoziert der Begriff "Ausland" die Entfremdung von der Geborgenheit des

20 Vgl. HENRICH, 182-185 mit einer eleganten Formulierung dieses Konzeptes, die sich auch auf die ägyptischen Verhältnisse übertragen ließe: "Der Begriff von Kunst setzt voraus, daß in Beziehung auf das, was wir 'Kunst' nennen, ein Einzelnes unterscheidender Objektbezug überhaupt zustande gekommen ist. Das Götterbild, von dem die Stirn den Boden berührt, kann ein solches Einzelnes nicht sein. In ihm findet Epiphanie oder [...] Inkarnation statt [...]".

21 HELCK, *Politische Gegensätze*.

22 Vgl. § 1 oben zu einer allgemeinen Einschätzung dieser methodologischen Entwicklung in unserer Disziplin.

ägyptischen Weltbildes (insbesondere in Bezug auf das Grab[23]), zum anderen aber gewährt es oft dem Flüchtling oder dem politisch Verfolgten einen sicheren Zufluchtsort; eine Dichotomie, die übrigens *vice versa* auch für das zwiespältige Ägypten-Verständnis der biblischen Literatur genauestens zutrifft: auch in der biblischen Welt ist Ägypten sowohl "das Land der Sklaverei" als auch die Gesellschaft, in der Flüchtlinge immer mit der Aufnahme rechnen dürfen[24]!

Man darf sich jedoch auch in diesem Falle fragen, ob der Hinweis auf die Anwesenheit ägyptischer Bürger wirklich nur zeitgenössische politische Verhältnisse widerspiegelt - die sich bei Ammunenschi aufhaltenden Ägypter als Gegner der neuen Führung - oder ob er vielleicht auch Sinuhes Mimesis, seine "Lektüre" der Wirklichkeit darstellt. Das Auftreten dieses Textabschnitts, der mit Ammunenschis expliziter Frage zur politischen Lage in Ägypten seinen formalen Gipfel erreicht, setzt voraus, daß der Autor sich selbst über die Legitimität dieses Weltbildes Fragen stellt. Vor unseren Augen findet eine bidimensionale Umkehrung topischer Denkschemata statt: (a) ein Ausländerfürst wird innerhalb eines kurzen Dialogs zum zentralen Bestandteil der Erzählung, und (b) ägyptische Figuren, denen eigentlich nur Verfemung zuteil werden sollte, erhalten eine neue Daseinsdignität, indem sie Sinuhe das Zeugnis seiner Qualitäten ablegen. Damit will ich den realweltlichen Hintergrund für den Aufenthalt von Ägyptern bei einem Beduinenfürsten natürlich *nicht* verleugnen; es ist nicht nur möglich, sondern sogar sehr wahrscheinlich, daß infolge politischer Repression[25] die Flucht ins Ausland sich zunehmend zu einem Charakteristikum für die Verhältnisse im Mittleren Reich entwickelte[26]. Worum es mir jedoch primär geht, ist der Prozeß der mimetischen Literarisierung, also der *Fiktivwerdung* bestimmter kultureller Merkmale. Und es ist gerade dieser Prozeß, der das Besondere an der kritischen Auseinandersetzung des Autors mit sozusagen "tabuisierten" semantischen Größen wie "Flucht" oder "Ausland" darstellt und dem meine Untersuchung nachzugehen versucht.

An dieser Stelle sollte ich vielleicht der Möglichkeit einer Verwirrung bei meinem Gebrauch der Termini "Wirklich(keit)", "Fiktional(ität)" und "Mimesis" vorbeugen. Soll denn jetzt - könnte man sich fragen - das Fiktionale "wirklich" sein? Und wie kann Mimesis dem "Wirklichen" näher stehen als der Topos, sich aber gleichzeitig von der "Wahrheit" durch die Intervention des Autors wiederum mehr abheben als

23 Vgl. exemplarisch Sin. B 199 oder pInsinger 28,7.

24 Vgl. z.B. die Traditionen um Abraham oder um Jakobs Söhne; s. auch 1 *Kö* 12,2, *Jer* 26,21, *passim*: LOPRIENO, *RivBibl* 34 (1986), 209 ff.

25 Vgl. HELCK, *Politische Gegensätze*, 39-40.

26 In diesem Problembereich vgl. etwa die Erforschung des juristischen Kontextes einer $w^{c}r.t$, einer Flucht, bei PARANT, *L'affaire Sinouhé*, 11-38 bzw. 235-237.

der Topos? Mit dieser Frage hat sich insbesondere L.Costa Lima ausführlich auseinandergesetzt[27]. Die Antwort auf beide Fragen liegt in einer korrekten Einschätzung der Einwirkung zweier literarischer "Wirklichkeiten": "wirklich" sind zum einem die von Sinuhes Autor unabhängigen Realitätsbezüge - die für den Ägyptologen jedoch äußerst schwer zu restituieren sind -, zum anderen aber *seine* Wahrnehmung dieser Realitätsbezüge; und *seine* Lektüre der Realität impliziert, daß Sinuhe die der Realität zugrunde liegenden Paradigmen zu entziffern versucht[28]. "Fiktional" sind die äußeren Träger, die Ikone dieser Realitätsbewältigung, "wirklich" ist das interne Spiel zwischen ihnen, die Funktion, die sie als Symptome bestimmter kulturgeschichtlicher Entwicklungen erfüllen, wobei die Unterscheidung zwischen den beiden Ebenen dem ägyptischen (und dem ägyptologischen) Leser anheimgestellt wird. Dieses komplexe Zusammenspiel von äußerer Realität, vom Autor eingesetzten fiktionalen Ikonen und Bereitschaft des Rezipienten, den symbolischen, wirklichkeitsnahen Gehalt dieser Ikone zu erkennen und anzuerkennen, verstehe ich hier als "Mimesis"[29]: die Erzählung mimetisiert sich als mögliche Welt, so daß dadurch die Welt zu ihrem eigentlichen Objekt, zu ihrem Gegenstand wird[30].

Auf die historischen Gründe und Begleitumstände dieser Entwicklung des literarischen Diskurses im Mittleren Reich werde ich im Kapitel 8 näher eingehen. Schon jetzt möchte ich aber vorausschicken, daß in der Literatur des Mittleren Reiches die

27 COSTA LIMA, 511-536; vgl auch BARTHES, *New Literary History* 6 (1975), 269-272.

28 Um mit BARTHES, *ebd.*, zu sprechen: die Nachahmung der Realität bleibt in der Erzählung "kontingent", d.h. ohne eigentlichen (d.h. realweltlichen) referentiellen Bezug.

29 Vgl. COSTA LIMA, 523-524: "Mimesis ruft die Idee der Wahrscheinlichkeit auf den Plan. Sie setzt voraus, daß das Bestehen einer Einheitlichkeit zwischen dem Darsgestellten (Referenz) und den darstellenden Zeichen (dem Objekt von Mimesis) aufgenommen wird, wobei die Aufgabe des Künstlers darin liegt, das Dargestellte zu korrigieren, anzugleichen oder zu modifizieren, ohne es so stark zu verändern, daß es aufgrund von Ähnlichkeiten nicht mehr erkennbar ist"; und 531: "Die notwendige Identifizierung des Rezipienten mit dem *Mimem* wird dadurch erreicht, daß der Rezipient jenes Wissen von der Wirklichkeit teilt und als seines erkennt, das Mimesis nährt". Das ägyptische "Alltagswissen" (KUMMER, 217) über den Ausländer sehe ich - wie mehrmals betont - in den betreffenden literarischen Topoi (Kap. 3) literarisch transzendiert.
In diesem Zusammenhang könnte man auch an die Marquardsche These der "Antifiktion" denken: Abischars bunter Rock oder Ammunenschis Worte wären insofern "antifiktional", als sie - durch ihr "realistisch" sein - sogar die Realität der ägyptischen Erwartung überbieten, so daß ihr Fiktionsstatus gewissermaßen aufgehoben wird (MARQUARD, 53-54). Womit ich mich jedoch als Ägyptologe nicht anfreunden kann, ist die Behauptung (GUMBRECHT, in: HENRICH - ISER, 266-271), daß dieses Phänomen literarhistorisch eine Innovation des europäischen XIX. Jahrhunderts darstellt: ich meine, daß schon die ägyptische Literatur des Mittleren Reiches diese dialektische Mitwirkung verschiedener "Wirklichkeits"-Ebenen im mimetischen Literaturwerk ausführlich dokumentiert.

30 Vgl. MARTINEZ-BONATI, *Fictive Discourse*, 37.

Anfänge eines innovativen Prozesses der "Historisierung der Person"[31] festgestellt werden können; während der XVIII. Dynastie wird dann ein ausgeprägteres Geschichtsbewußtsein vor allem durch die Internationalisierung des politischen Rahmens allmählich auf sämtliche Bereiche der ägyptischen Kultur übertragen werden[32].

§ 17 Nach Sinuhes Antwort - die nicht nur implizit, sondern sogar explizit "mimetisch" ist, denn er gibt im eingeschobenen Kommentar zu, nur *jw-ms*, d.h. "die halbe Wahrheit" wiederzugeben - findet man eine neue Äußerung der Beduinenfürsten:

> *ꜥḥꜥ.n ḏd.n=f ḫft=j wnn jr=f tꜣ pf mj-m m-ḫmt=f nṯr pf mnḫ*
> *wnn.w snḏ=f ḫt ḫꜣs.wt mj sḫm.t rnp.t jdw*

"Dann sagte er mir: 'Und wie geht es denn diesem Land ohne ihn, diesen vollkommenen Gott, dessen Furcht durch die Fremdländer geht, wie Sachmet in einem Jahr der Pestseuche?'"[33]

Die mimetische Aufhebung der Opposition "*rmṯ* vs. Ausländer" nimmt jetzt neue Konturen an, und zwar durch die verstärkt auftretende fiktive Ägyptisierung Ammunenschis. Schon in der topischen Literatur[34] verdichtet sich symbolisch das Ägyptisch-Sein in der Akzeptanz der *sšm.w nj.w tꜣ*, der "ägyptischen Sitten", und der Beduinenfürst hatte schon in seiner ersten Äußerung die Rolle des *rꜣ nj km.t*, des Ägyptischen als kennzeichnender kultureller Größe anerkannt. Seine zweite Äußerung verbalisiert ein zweites Moment dieser fiktiven Ägyptisierung, nämlich das königlich-religiöse. Auch dieser Schritt ist jedoch nicht so unproblematisch wie eine nüchterne Darstellung des formalen Inhalts des Textabschnitts glauben ließe; auch er sagt letztendlich mehr über den ägyptischen Autor als über den Ausländer Ammunenschi aus.

Erstens: Ägypten wird von Ammunenschi nicht namentlich erwähnt, sondern mit *tꜣ pf* "dieses Land" anaphorisch präsentiert. Die Anaphora ist hier aber nicht "direkt" - denn es liegt keine frühere Erwähnung Ägyptens im Diskursabschnitt vor - sondern

31 Vgl. LÜBBE, 277: "Geschichten sind Prozesse der Systemindividualisierung durch selbsterhaltungsdienliche Umbildung von Systemen unter Ereignisbedigungen, die aus dem ursprünglichen Funktionssinn der Systeme nicht abgeleitet werden können".

32 Vgl. § 20 unten.

33 Sin. R 67, B 43-45.

34 Adm. 15,1: vgl. § 11 oben.

"mittelbar", durch den beiden Gesprächspartern gemeinsamen kulturellen Rahmen hervorgerufen[35]: "jenes Land (scil.: das für uns beide den "unmarkierten" Bezugspunkt darstellt)". Auch für den Beduinenfürsten ist Ägypten das zentrale Moment der Wirklichkeitserfahrung geworden - ganz anders als im Falle des ethnisch konnotierten Ausländers der topischen Texte, der kein Mitglied einer gemeinsamen "Kultur" wird bzw. werden kann, sondern in der außerhalb ihrer liegenden "Unkultur" angesiedelt ist.

Zweitens: in Ammunenschis Worten ist der ägyptische König "jener (noch einmal *pf*!) ausgezeichnete Gott, dessen Furcht durch die Fremdländer geht, wie Sachmet in einem Jahr der Pestseuche". Die Aussage ist nicht nur wegen ihrer Form überraschend - Ammunenschi bedient sich einer dem Kontext der ägyptischen Mythologie entstammenden Metapher[36], kämpft also sozusagen mit den Waffen seines Kontrahenten - sondern primär wegen ihrer Substanz: der mimetische Ausländer wird durch den ägyptischen Autor veranlaßt, sich über die *für ihn selbst* vom König ausgehende Gefahr poetisch (im Jakobsonschen Sinne[37]) zu äußern. Die Frage ist also rhetorisch, da im Rahmen des ägyptischen Weltbildes kein Zweifel über den Tenor der Antwort legitim ist[38]. Der Eingriff der ironischen Dimension ist hier unverkennbar; eine Erkenntnis, die der literaturwissenschaftlichen Analyse völlig neue Perspektiven erschließt.

35 Vgl. LOPRIENO, *OrAnt* 19 (1980), 1 ff. Dazu kommt noch die von der Wahl des Demonstrativums evozierte Konnotation der "Distanzierung, die durch *pf* zwischen dem Sprechenden und dem Besprochenen zum Ausdruck gebracht wird" (EDEL, *AÄG*, § 186) bzw. des "emotional stress, whether of disgust or of admiration" (GARDINER, *EG*, § 112). Nur von etwas, was uns eigentlich nahe ist, können wir uns distanzieren; nur etwas, was uns wichtig ist, kann Verachtung oder Bewunderung hervorrufen. Haß oder Liebe, Haß und Liebe vereinigen Sinuhes Ägypten und Ammunenschis Beduinenstamm in einer identischen Sinnwelt.

36 Vgl. zuletzt STERNBERG, in: *LÄ* V, 325.

37 Vgl. JAKOBSON, in: SEBEOK, *Style in Language*, 350 ff. und die kritische Diskussion in MARTINEZ-BONATI, *Fictive Discourse*, 141-152. "Poetisch" bedeutet hier: primär an der "Nachricht", d.h. an den formalen Möglichkeiten des sprachlichen Vehikels orientiert. Ammunenschis Aussage bewegt sich insofern vornehmlich auf der "poetischen" Ebene, als er auch - durch die Wahl bestimmter rhetorischer Figuren der ägyptischen Sinnwelt - auf eine gewisse formale Eleganz abzielt, ein Merkmal, das wiederum sehr "fiktional" ist. Nicht zufällig treten sowohl der rhetorisch versierte Ausländer als auch der "beredte Bauer" *gleichzeitig* und *in derselben literarischen Form* auf! S. unten Kap. 8.

38 Vgl. ROOT, in: HASS - MOHRLÜDER, 234 ff. zur rhetorischen Frage als Mittel für die Einsetzung von Ironie; zur formalen Bestimmung rhetorischer Fragen im Ägyptischen s. JUNGE, *BiOr* 40 (1983), 545 ff.

Der Begriff "Ironie" evoziert in der herkömmlichen Bedeutung[39] die Idee einer herablassenden, von der Überzeugung seines überlegenen Status ausgehenden Einstellung des Sprechers zum Besprochenen, gegebenenfalls auch zum spöttisch behandelten Hörer, um zu einem bestimmten Ziel durch das Andeuten des Gegenteils bzw. durch böswillige Verstellungen der Realität zu gelangen[40]. Um diese Bedeutung von Ironie geht es hier aber nicht; in dieser Hinsicht ist Ammunenschis Aussage m.E. keineswegs spöttisch oder ironisch herablassend, sondern sie entspricht im Gegenteil ganz genau der ägyptischen weltanschaulichen Erwartung: der Tod des Königs ist "chaotisch"[41], seine Folgen können lediglich durch einen neuen Akt der Einsetzung von *m3ᶜ.t* beseitigt werden. Ammunenschis Aussage ist aber im technischen Sinne sehr wohl "ironisch": der Beduinenfürst "zitiert" eine Sachlage nicht wegen deren extensionaler Referenz, sondern primär wegen deren intensionaler Funktion innerhalb des dargestellten Dialogs. Durch diese Frage drückt Ammunenschi - aber natürlich primär der hinter ihm denkende ägyptische Autor - seine persönliche, individuelle Einstellung zur Äußerung, seine innere Auseinandersetzung mit dem evozierten Sachverhalt aus[42]. Die Anwendung des ironischen Verfahrens setzt voraus, daß der Hörer Sinuhe - d.h. im Grunde der ägyptische Rezipient - die von einem Beduinenfürsten eigentlich zu erwartende Einstellung zum Besprochenen schon kennt bzw. kennen müßte[43]. Wenn wir unter "Hörer" außerdem den Wissensvorrat der ägyptischen Gesellschaft mit einbeziehen, können wir den ironi-

39 Vgl die Wort- und Bedeutungsgeschichte von "εἰρωνεία-Ironie" bei KNOX, in: HASS - MOHRLÜDER, 21 ff. und NEWMAN HUTCHENS, *ebd.*, 47-48.

40 Das ist der klassische Ironie-Begriff, der von der rhetorischen Tradition des Mittelalters aufgenommen wurde (KNOX, *ebd.*) und auch in der modernen Literaturwissenschaft manchmal allzu unkritisch weiter tradiert wird (NEWMAN HUTCHENS, *ebd.*, 52: "das Spiel, zu einem Ziel zu gelangen durch das Andeuten des Gegenteils"). Ägyptologisch vgl. OSING, in: *LÄ* III, 181.

41 Im Sinne HORNUNGs, *ZÄS* 81 (1956), 28 ff.

42 Grundlegend SPERBER - WILSON, bes. 300 ff., mit der Einführung der Opposition zwischen "use of an expression", wenn primär die extensionale Bedeutung vs. "mention" derselben, wenn primär der intensionale Bezug zur Äußerung in den Vordergrund des Gespräches gerückt wird. Nach dieser Auffassung basiert die Ironie auf einer echohaften "Mention" eines früheren extensionalen Gebrauchs der betreffenden Äußerung. Auch in der Literaturwissenschaft ist die Ironie-Forschung zu ähnlichen Ergebnissen gelangt (ohne jedoch den sprachwissenschaftlichen Ansatz von Sperber - Wilson in Prägnanz und Klarheit der Darstellung erreichen zu können), wenn die "Wiederholung" als mögliches Moment bei der Herauskristallisierung des ironischen Sinnes erwogen wird: ALLEMANN, in: HASS - MOHRLÜDER, 40.

43 SPERBER - WILSON, 301: "Knowing the speaker's beliefs about [den dargestellten Sachverhalt] is a precondition for, rather than a consequence of, recognizing that this utterance was ironical. The standard approach to irony, which claims that the main point of an ironical utterance is to convey the opposite of what is said, would thus make every ironical utterance uninformative, both on the level of what is said and on the level of what is implicated."

schen Gehalt der in Ammunenschis Mund geschobenen rhetorischen Frage noch besser erkennen: von einem Ausländerfürsten, der noch dazu sogar antikönigliche Flüchtlinge aufnimmt, erwartet man nach ägyptischem Wissensvorrat weder theologische Kompetenz in ägyptischer Königsdogmatik noch Versiertheit in religiöser Ikonographie.

Ammunenschis Worte sind also insofern ironisch, als sie innerhalb einer profanen Konstellation einen konnotationsreichen religiösen Prätext evozieren[44], wobei diese hier dargestellte Kombination dem ägyptischen Leser als zumindest unerwartet auffallen müßte. Ammunenschi ist kein Spiegel des topischen Wissensvorrats, sondern ein Produkt von Sinuhes eigener Mimesis, von *seiner* Darstellung der Wirklichkeit, von *seiner* Aneignung von Wissen[45]. Ironisch ist seine Frage eben deshalb, weil zwischen dem, was eine solche Frage für den ägyptischen Leser an tradiertem Wissen und an weltanschaulichen Assoziationen evoziert, und dem, was der Text als menschliche Konstellation dieses Dialogs präsentiert, sich eine tiefe Diskrepanz[46], ja eine Verzerrung[47] anbahnt. Ammunenschi ist kein zuverlässiger "Modell-Autor" seiner eigenen Aussage[48]: es sind hier der ägyptische Autor und der ägyptische Leser, die komplizenhaft eine Überprüfung der Grundüberzeugungen ihrer gesellschaftlichen Sinnwelt vornehmen: der fiktionale Ammunenschi ist das literarische Vehikel ihres Versuches, diese Sinnwelt kritisch zu beleuchten. Seine Frage über den Zustand des Niltals nach dem Tod des Königs ist echohaft[49]: sie erinnert an den beiden Kontrahenten des literarischen Mechanismus gemeinsamen Wissensvorrat, an ihre gemeinsame "Erwartung"; nicht Ammunenschis Frage ist

44 Vgl. PLETT, in: BROICH-PFISTER, 88-95.

45 Die Erzählung von Sinuhe entspricht dem Muster "epistemischer" Kerngeschichten (vgl. DOLEŽEL, 68 ff.): Sinuhes Ziel ist es, sich neues Wissen anzueignen, oder besser: das rezipierte Wissen auf seine Gültigkeit für das Individuum, und nicht nur für die Gemeinschaft, zu verifizieren. Ammunenschi ist ein privilegiertes Moment dieser Wirklichkeitserfahrung.

46 S. BOOTH, *Rhetorik der Erzählkunst 2*, *passim.* und ALLEMANN, 40 zur "inneren Distanz des Betrachters" bei der Einsetzung dichterischer Ironie. Um die Begriffe "ironische Distanz" und "Autor-Leser-Komplizität" dreht sich ein grundsätzlicher Unterschied zwischen Topos-Texten und Mimesis-Texten: bei letzteren einigen sich Autor und Leser gewissermaßen "gegen" den Erzähler: (Autor + Leser) $\supset$ Erzähler, während sich bei ersteren der Autor vom Erzähler nicht distanziert, sondern durch den Erzähler versucht, auf den Leser "axiologisch" - vgl. § 13 oben - zu wirken: (Autor $\equiv$ Erzähler) $\supset$ Leser.

47 Vgl. sehr präzise BROOKS, in: HASS - MOHRLÜDER, 31-38.

48 Zum "Modell-Autor" s. ECO, *Lector in fabula*, 62-66.

49 Vgl. SPERBER - WILSON, 306-310 und ALLEMANN, 40 zur "Wiederholung", die ich auch als Form echohafter Fortsetzung auffassen möchte.

letzten Endes ironisch, sondern Sinuhes Einstellung zu ihr und zu ihm (selbst)ironisch[50].

Meine Argumentation kann sich außerdem auf eine innerägyptologische Exegese des Gespräches zwischen Sinuhe und Ammunenschi berufen: schon Grapow[51] hatte sich darüber gewundert, daß der Dialog zwischen dem Flüchtling und dem Ausländerfürsten von einer ungewöhnlichen Normalität, von einer erstaunlichen "Ägyptizität" gekennzeichnet sei; die Tatsache, daß letzterer sich wie ein feingebildeter Ägypter ausdrückt, erschien Grapow gänzlich unmöglich. Die Elemente, die ihn zu seinem radikalen Urteil veranlaßten, sind genau diejenigen, die ich unter dem Begriff der "Ironie" zusammengefaßt habe; es sind jene Merkmale, aufgrund deren sich dieser Dialog so sehr vom rezipierten Ausländerbild abhebt. "Unmöglich" ist das Gespräch im Sinne des im Kap. 3 besprochenen Topos der Ausländerpräsentation allemal: deshalb kristallisiert sich in der Figur von Ammunenschi, in ihrem ironischen Auftreten, in ihrer individueller Dimension das Moment literarischer Überwindung der traditionellen Ausländerbildes.

Unterstreichen möchte ich noch einmal, daß mit diesem Textabschnitt der literarische Prozeß der mimetischen Aufhebung der topischen Opposition "*rmṯ* vs. Ausländer" als abgeschlossen gelten kann: (a) Ammunenschis sowohl textuelles als auch kontextuelles Auftreten deutet darauf hin, daß es sich bei der Begegnung mit ihm um die Erfahrung mit einer "Person" handelt[52], mit all den dazu erforderlichen Revisionen gesellschaftlicher Einstellungen; (b) die für das literarische Verfahren unabdingbare Komplizität zwischen Verfasser und Leser hinter dem Rücken der Erzählers[53] verdichtet sich in den Aussagen des Ausländerfürsten. Eine situations-

50 Zum Ironie-Problem vgl. WATT, 330 ff.; BOOTH, *Rhetorik der Erzählkunst 1*, 164 ff. Mit der Terminologie der Erzählsemiotik könnte man die traditionellen ägyptischen Denkstrukturen als dem Text zugrunde liegendes "System", den Dialog zwischen Sinuhe und Ammunenschi hingegen als "Prozeß" der Aneignung von Wissen auffassen: vgl. FLÜGGE, in: HAUBRICHS, *Erzählforschung* 2, 57 ff.

51 GRAPOW, *Der stilistische Bau*, 22-30 bzw. 40-41.

52 Vgl. MARTINEZ-BONATI, in: HAUBRICHS, *Erzählforschung 2*, 175 ff.

53 Vgl. z.B. die "heimliche Gemeinschaft" zwischen Autor und Leser bei BOOTH, *Rhetorik der Erzählkunst 2*, 37-46. Als besonders relevant darf dabei auch die Rolle der Ironie angesehen werden; die Ironie ist ein Mittel, um den Leser ein-, den fiktionalen Sprecher auszuschließen: "Bei der Ironie [...] ist der Sprecher selbst das Ziel des ironischen Hinweises. Autor und Leser einigen sich hinter dem Rücken der Sprechers in heimlicher Absprache über den Maßstab, nach dem er für unzulänglich befunden wird" (*ebd.*, 41). Vgl. auch ROOT, 230 zur "Abschweifung", d.h. zur unerwarteten Abwendung vom Protagonisten. Der Autor nimmt hier Abstand vom Protagonisten Sinuhe und von dessen Sinnwelt - die ja auch seine eigene ist.

abstrakte, "eigentliche" Literatur[54] kann man mit dem Auftreten dieses Dialogs auch für den ägyptischen Bereich ansetzen; eine Literatur, die die Dichotomie zwischen "zuverlässigem" und "unzuverlässigem" Erzähler kennt[55], weil in ihr die Frage des absoluten Wahrheitsstatus einer Aussage zugunsten deren mimetischen Wirklichkeitsgehalts gezielt aufgehoben wird[56]. Der Dialog zwischen Sinuhe und Ammunenschi spiegelt keine allgemeingültige Erkenntnis wieder, sondern stellt die ikonische Verpackung einer Dialektik dar, in der der ägyptische Autor für den literarischen Trägerkreis des Mittleren Reiches der Frage nach den Paradigmen ihrer gemeinsamen "Wirklichkeit" kritisch nachgeht[57].

§ 18 Bevor wir zur Analyse der nächsten Aussage Ammunenschis übergehen, müssen wir dem dieser Aussage vorangehenden Kotext nähere Aufmerksamkeit schenken. Sinuhe hat gerade in einer Hymne das Loblied des Königs gesungen. Dabei hat er den besten Beweis dafür geliefert, daß die Opposition zwischen topischer und mimetischer Darstellung des Ausländers von der literarischen Form bzw. Gattung, in der der Fremde präsentiert wird, und nicht etwa von der freien Entscheidung des Autors abhängt: der in der Hymne gelobte König wird derartig heldenhaft geschildert, daß "die Barbaren vor seinen Armen wie vor der Macht der Großen Göttin fliehen"[58], denn "um Asiaten zu besiegen und um Beduinen niederzuschlagen wurde er erschaffen"[59]. Hier, in der Topos-Form "Hymne" innerhalb der Mimesis-Gattung "Erzählung" tritt wieder der Ausländer-Topos zum Vorschein: Barbaren, Asiaten oder Beduinen sind *ethnische*, und nicht *persönliche* Beziehungen, sie unterliegen der gesellschaftlichen "Ihr-Einstellung". Das Paradox, daß gerade ein freundlich gesonnener Ausländerfürst als Adressat dieser Beschreibungen präsentiert wird, muß im Sinne der oben besprochenen ironischen Komplizität zwischen Autor und Leser ausgedeutet werden; der (selbst)kritische Charakter der fiktionalen Konstellation "König - Sinuhe - Ammunenschi" wird immer evidenter.

54 Vgl. ASSMANN, in: ASSMANN - HARDMEIER, *Schrift und Gedächtnis*, 80.

55 BOOTH, *Rhetorik der Erzählkunst* 2, 9 ff.

56 Zu dieser Auffassung des Unterschieds zwischen dem Literarischen und dem Nicht-literarischen vgl. im allgemeinen HENRICH - ISER, bes. GUMBRECHT, *ebd.*, 243: "Gemeint sind [scil.: mit "Literatur"] Kommunikationssituationen, in den die 'natürliche Einstellung' (im phänomenologischen Sinn) gegenüber den Texten suspendiert wird".

57 Vgl. KUMMER, 217: "In den Interpretationsprozeß geht das vom Sender als gemeinsam unterstellte Alltagswissen als Interpretationsbasis ein".

58 Sin. B 63-64.

59 Sin. B 72-73. Topische Aussagen über den Ausländer finden sich auch im weiteren Verlauf des Textes, etwa im Sprichwort B 121-122 "Kein Barbar kann mit einem Delta-Bewohner Freund werden" im Kontext des Streites gegen den Herausforderer von Retjenu. S. aber § 19 unten.

Wichtig ist das Auftreten der Hymne an dieser Stelle des Textes auch innerliterarisch oder rhetorisch, denn es ist bekannt, daß die Bedeutsamkeit von Ereignissen durch die Einschiebung von Kommentaren bzw. narrativen "Pausen" entschieden erhöht und intensiviert wird[60]. Diese Erkenntnis bestätigt natürlich den bewußten Charakter der literarischen Transzendierung, die von der Laufbahnbiographie des Endes des Alten Reiches - man denke an die topischen Passagen in Weni oder Herchuf - hin zur mimetischen Erzählung des Mittleren Reiches führt[61].

Einen sehr einleuchtenden Schlüssel zur Klärung der Phänomenologie der Topos-Mimesis Opposition bietet der Übergang zwischen der Hymne und der nächsten Aussage Ammunenschis: Sinuhe fordert Ammunenschi auf, *seinen Namen* dem ägyptischen König bekannt zu machen, "wie einer, der sich erkundigt, obwohl er fern von Seiner Majestät ist"[62]. Noch einmal wird der moderne Exeget auf die weltanschauliche Bedeutung des "Namens" hingewiesen: der Bezug auf den Namen markiert den Abschluß des topischen Teiles und die Rückkehr zur mimetischen Fiktion. Der Ausländerfürst wird nicht mehr unten die von der Bezeichnung "Beduine" evozierte Unkultur subsumiert: er kehr in den Besitz seines Namens, in die *rmṯ*-hafte Kultur zurück.

ḏd.jn=f ḫft=j ḫr ḥm km.t nfr.tj ntt sj rḫ.tj rwḏ=f m=k ṯw ꜥ3
wnn=k ḥnꜥ=j nfr jrj.t=j n=k

"Dann sagte er mir: 'Ägypten muß wirklich glücklich sein, denn es weiß, daß er stark ist. Du bist aber hier bei mir, und ich will für dich Gutes tun'"[63].

Diese Passage wirkt ironisch nicht nur im technischen, sondern auch im herkömmlichen Sinne, mit ihrer Anhäufung von Partikeln, mit ihrer Opposition zwischen Ägyptens fernem Glück und Sinuhes hilflosem Dasein[64], insbesondere in Anbetracht der vorangehenden topischen Hymne; der Widerspruch zwischen ägyptischer Erwartung und Sinuhes Erfahrung könnte kaum expliziter ausgedrückt werden, und dies um so mehr, als der Ausländerfürst ihm abermals verspricht, ihn *nfr* zu behandeln. Ammunenschi ist so literarisch ägyptisiert, daß er sogar implizit versteht, daß

60 BOOTH, *Rhetorik der Erzählkunst 1*, 199-201; AUERBACH, *passim.*
61 Vgl. § 7 oben.
62 Sin. B 74.
63 Sin. B 75-77.
64 Vgl. die Denkanstöße von DERCHAIN, *GM* 87 (1985), 7 ff.

die topischen Beschreibungen der vorangehenden Hymne von außen diktiert, nicht jedoch von innen (d.h. von Sinuhe) unkritisch rezipiert werden; er besteht darauf, seine mimetisch erworbene Eingliederung in die ägyptische Sinnwelt noch einmal in aller Schärfe zur Geltung zu bringen. Und je mehr sich Ammunenschi ägyptisiert, desto unabdingbarer wird Sinuhes Revision seiner gesamten Lebenserfahrung; er muß sich der Katharsis aussetzen, um die es im weiteren Verlauf der Erzählung geht und die in seinem *wḥm-msw.t*, in seiner Rückkehr nach Ägypten ihren Gipfel erfährt.

§ 19 Damit ist die kurze Analyse von Ammunenschis Aussagen, noch nicht aber die Untersuchung des gesamten Auftretens der Größe "Ausland" in der Erzählung von Sinuhe zu Ende. Denn Sinuhe bleibt weiterhin bei den Oberretjenu, und einige Stationen seines Lebens sowie die im Text enthaltenen begleitenden Kommentare verdienen die Aufmerksamkeit des Literaturwissenschaftlers[65].

Parallel zu Ammunenschis mimetischer "Ägyptisierung", die im ersten Teil der Erzählung realisiert wird, können wir im weiteren Verlauf des Textes die Etappen von Sinuhes "Asiatisierung" verfolgen[66]: ihm gelingt in Asien, im Kreis der Fremdländer, jener *cursus honorum*, der in seiner ägyptischen Existenz unterbrochen worden war. Als Asiat wird er wieder zu einem tapferen Kämpfer, zu einem Gewinner, nachdem er als Ägypter den "Geschmack des Todes" (B 23) gekostet hatte: sein Sieg gegen den Herausforderer von Retjenu[67] stellt den Gipfel seines kathartischen *wḥm-msw.t*-Prozesses dar. Und erst am Gipfel seiner erfolgreichen *asiatischen* Karriere ist er wieder bereit, *Ägypter* zu werden; dank der unheilvollen Erfahrung der Flucht besinnt er sich wieder des Heiles:

wᶜr wᶜr n h3.w=f	*jw mtr=j m ẖnw*
z33 z33y n ḥqr	*jw=j ḏj=j tʾ n gsj=j*
rww zj t3=f n ḥ3y.t	*jnk ḥḏ p3q.t*
bt3 zj n g3w h3b=f	*jnk ᶜš3 mr.wt*
nfr prw=j wsḫ s.t=j	*sḫ3y=j m ᶜḥ*[68]

65 Zwei sehr gelungene Versuche einer umfassenden literaturwissenschaftlichen Analyse im Sinne einer "werkimmanenten Interpretation" (vgl. § 2 oben) sind PURDY, *ZÄS* 104 (1977) und BAINES, *JEA* 68 (1982); insbesondere an letzteren werden einige meiner Überlegungen erinnern, so daß sich einzelne detaillierte Verweise erübrigen.

66 Vgl. GRAPOW, 97-98.

67 Dazu zuletzt FECHT, in: *Festschrift Westendorf*, Band 1, 465-484.

68 Sin. B 149-156.

Etwas frei, aber sicher nicht dem Textinhalt untreu könnte dieses Lied folgendermaßen umschrieben werden: "Ich hatte als Flüchtling die Geborgenheit meiner Gemeinschaft verlassen, doch jetzt kann auch der König meine Gründe verstehen; ich hatte als Hungriger meine Selbstachtung aufs Spiel gesetzt, doch jetzt kann ich wieder dem moralischen Gesetz folgen; ich hatte das Vertrauen in meine soziale Rolle verloren, doch jetzt verstehe ich wieder, wer ich eigentlich bin; ich hatte auf die Zeichen individueller Bedeutung verzichtet, doch jetzt bin ich wieder erfolgreich. Mein Haus ist schön, meine Stätte ist groß: nach meiner Erfahrung bin ich jetzt wieder bereit, den Erwartungen, die mein König und meine Gesellschaft an mich stellen, gerecht zu werden"[69]. Ich mußte Asiat werden, um besser zu verstehen, was Ägypter zu sein bedeutet[70]: die literarische Quintessenz des Musters "Intelligenz als Karriere"[71], die mimetische Umkehrung des in der ägyptischen Gesellschaft (und in den topischen Texten literarisch transzendierten) tief verankerten Modells, wonach "extra Aegyptum non est vita".

Auf diese Schlußfolgerung, auf die Valenz von Sinuhe als Epos der individuellen Erfahrung und des individuellen Erfolgs, deuten auch andere Textstellen hin, etwa die Hervorhebung seiner Ehe mit Ammunenschis ältester Tochter und seiner Laufbahn in der Fremde[72] sowie die rein gefühlsmäßigen Begleiterscheinungen seines asiatischen Daseins: "dieser Herrscher Ammunenschi umarmte mich" (B 142-143)[73], vor allem aber die Tatsache, daß er sich bis zum Ende zu seiner asiatischen Erfahrung bekennt, indem ein Teil von ihm, nämlich seine Kinder, gewissermaßen als Zeugen seiner Historie in Jaa bleiben (B 239-240)[74]. Nicht als Besiegter kommt

69 In dieser Analyse schließe ich mich vielen Interpretationsvorschlägen von WESTENDORF, in: *Festschrift Schott*, 125 ff. an, der m.E. die bisher beste Einsicht in die psychologische Struktur dieses Liedes vermittelt hat: s. jetzt ders., *WdO* 17 (1986), 5 ff. zu einer Präzisierung der Auffassung, daß die letzte Aussage ("Meine Gedanken sind im Palast") eine in die Zukunft projizierte Rückkehr zur Ausgangssituation, zum weltbildlichen Bezugspunkt (d.h. Ägypten) darstellt.

70 Vgl. H.-J.Heinrichs Einleitung zu LEIRIS, *Die eigene und die fremde Kultur*, 7.

71 Ich greife hier den Ausdruck von DERCHAIN, *GM* 3 (1972) auf und expliziere nur die Ansätze, die er schon damals formuliert hatte.

72 Als Kontrast dazu erinnere man sich an das topische Verbot, die Ehe mit einer Ausländerin einzugehen (§ 8) bzw. an die Mahnung vor der Beziehung mit einer Fremden im Rahmen des Topos der ⲙⲛ̄ⲧϣⲙ̄ⲙⲟ (§ 12)!

73 In explizitem Gegensatz zur liebevollen Unarmung des Amoriterfürsten sollte vielleicht Sinuhes gehemmte Haltung vor dem ägyptischen König angesehen werden: in seiner Angst manifestieren sich dieselben psychischen und physischen Symptome, die er während der Flucht empfunden hatte (B 252 ff.)!

74 Zur Identifizierung von Jaa s. zuletzt GÖRG, in: *Festschrift Fecht*, 142-153; zu dieser Passage vgl. PURDY, 119.

Sinuhe zurück nach Ägypten, sondern als Sieger gegenüber sich selbst: durch den "Traum"[75] der Flucht (B 225) - und was ist der Traum wenn nicht die eigentliche Fiktion, die Mimesis? - hat er wieder Ägyptens Realität, ihre politische Ordnung, ihre moralischen Werte kennen und schätzen gelernt. Noch als asiatischer Fürst, in asiatischer Kleidung kehrt er zurück zum Hof; und das Erstaunen der Königskinder entspricht genau der Reaktion, die Sinuhes Autor von seinem ägyptischen Modell-Leser[76] erwartete: *nj ntf pw m m3ᶜ.t* (B 267)! Der König, die symbolische Verdichtung der ägyptischen Gesellschaft, kann dieses Erstaunen über das Fremde[77] nur dämpfen; der weitere Verlauf des Textes besteht ausschließlich aus Topoi: "der Kreis hat sich geschlossen"[78]. - Aber für den ägyptischen Autor und für seinen Leser ist Sinuhes Mimesis schon jetzt, mit der Reaktion auf das Neue, mit der sprachlichen Formulierung des Unerwarteten zu Ende gegangen: "Das kann doch nicht wirklich *er* sein". Ist der zurückgekehrte Sinuhe wirklich derselbe Mensch, der einige Jahre zuvor Ägypten verlassen hatte?

75 Man denkt hier sofort an den Hauptgedanken von DUERR, *Traumzeit*, daß wir erst dann wirklich "wissen" können, wenn wir - wie Sinuhe - die Grenzen unserer eigenen Lebensform überschritten haben, wenn wir - wie Sinuhe - in unseren eigenen Augen "wild" geworden oder gänzlich "gestorben" sind.

76 Zu diesem Begriff s. ausführlich ECO, 50-66.

77 Ich übernehme den glücklichen Ausdruck von P.Dietsche (s. Lit.).

78 WESTENDORF, in: *Festschrift Schott*, 131.

6 Entfaltung und Enttäuschung der Mimesis

> In dem Maße, in dem die Wirklichkeit weg von der "Erfahrung" hin zur "Erwartung" tendiert, bewegt sich - gegenläufig: kompensatorisch - das Ästhetische weg von der "Erwartung" hin zur "Erfahrung".
>
> O.MARQUARD

§ 20 In der Erzählung vom "Verwunschenen Prinzen", der vor kurzem erneut ägyptologische Aufmerksamkeit zuteil wurde[1], beschließt der Held eines Tages, sich dem Schicksal anheimzustellen und in die Fremde zu ziehen. Er erreicht Naharina, d.h. das mitannische Großreich, wo er vorzüglich behandelt und zum Wettbewerb um die Hand der Prinzessin zugelassen wird: "sie taten alles für den Jungen"[2].

"Und im Laufe der Diskussion fragten sie ihn: 'Woher kommst du, schöner Junge?', und er antwortete: 'Ich bin der Sohn eines ägyptischen Streitwagenkämpfers (*snn*)[3]; meine Mutter starb und mein Vater nahm sich eine andere Frau, eine Stiefmutter; sie entwickelte Haß gegen mich, und ich floh weg von ihr.' Dann umarmten sie ihn und küßten ihn überall"[4].

Der ägyptische Flüchtling gewinnt den Wettbewerb, stößt aber auf die skeptische Haltung des Mitannifürsten:

1 HELCK, in: *Festschrift Fecht*, 218 ff. insbesondere unter dem Blickwinkel der im Märchen dargestellten politischen und sozialen Verhältnisse, die auf die XVIII. Dynastie als Entstehungszeit des Erzählungsstoffes hindeuten.

2 pHarris 500, 5,9.

3 HELCK, in: *Festschrift Fecht*, 219-220.

4 pHarris 500, 5,10-5,13.

"Daraufhin ärgerte sich der Fürst von Naharina sehr und sagte: 'Und ich sollte meine Tochter ausgerechnet dem ägyptischen Flüchtling geben? Er soll lieber weg gehen!"[5].

Im persönlichen Kontakt mit dem Jungen beeindruckt jedoch dessen *šfj.t*, d.h. dessen "Würde", den Fürsten, der seine Meinung ändert:

"Erzähle mir von dir, denn du bist jetzt für mich wie ein Sohn"[6].

Helck hat sich ausführlich mit dem dieser Erzählung eigenen "Zeitgeist" beschäftigt und die für die Erforschung der semantischen Größe "Ausland" relevanten Merkmale als Symptome eines nur in die XVIII. Dynastie datierbaren ägyptischen Verhältnisses zu Asien bewertet. Mir scheint, daß die innerliterarische Perspektive die Ergebnisse der historischen Forschung durchaus bestätigen kann, wenn wir die Auslands-"Erfahrung" des Verwunschenen Prinzen als historischen Moment in der Entwicklung der ägyptischen Mimesis auffassen[7]. Das Ausland des jungen Flüchtlings schließt m.E. nahtlos an jene kritische Auseinandersetzung mit den rezipierten Topoi an, die in der Darstellung von Sinuhes Aufenthalt bei Ammunenschi einen ersten literarischen Höhepunkt erreicht hatte[8].

Beginnen wir mit dem Begriff der "Flucht" überhaupt. War der Auslöser der Flucht ins Ausland bei Sinuhe immer noch ein gesellschaftlich verpönter Schritt, ein Zeichen der psychologischen Schwäche des Helden gewesen, für dessen Verhalten eigentlich kein triftiger Grund erkannt bzw. anerkannt werden konnte, so ist jetzt der Anlaß zur Flucht durch die Heranziehung der privaten Dimension legitimiert: der

5 *Ebd.*, 6,9-6,11.

6 *Ebd.*, 7,2-7,3.

7 Dabei muß natürlich auch der Tatsache Rechnung getragen werden, daß die Literarisierung realweltlicher Ereignisse bzw. Situationen die Ansetzung einer gewissen Zeit innerliterarischer Ausformung erfordert: mir scheint, daß die paläographische Datierung von pHarris 500 in die Anfangsphase der Ramessidenzeit eine befriedigende Zeitspanne für einen solchen notwendigen Literarisierungsprozeß bietet, so daß die schriftliche Niederlegung des Textes und der Abschluß der Periode literarischer Gestaltung ihrer Motive mehr oder minder koinzidieren sollten.

8 Daß die auftretenden Ausländer (der *wrj nj nhrn* und dessen Tochter) keinen Personennamen tragen, sollte m.E. nicht in antimimetischem Sinne ausgedeutet werden: selbst der ägyptische Held wird in dieser Geschichte lediglich durch seine psychologischen und sozialen Charakteristika dargestellt, so daß das Fehlen der Präsentation durch Eigennamen hier als stilistisches Merkmal aufgefaßt werden kann, das vielleicht dazu bestimmt ist, den fiktionalen, oder besser imaginären Kontext der Erzählung hervorzuheben; zum Unterschied zwischen dem Fiktiven - der Eigenschaft einer nicht-realweltlichen Textintentionalität - und dem Imaginären - des Autors eigener Kreativität - vgl. ISER, in: HENRICH - ISER, 123 ff.

Prinz gibt vor, von seiner Stiefmutter gehaßt zu werden. Die Entwicklung des literarischen Motivs der Flucht von der XII. bis zum Ende der XVIII. Dynastie läßt sich also mit ihrem Übergang vom Gesellschaftlichen zum Individuellen, vom Unbegründeten zum Legitimen verfolgen. Sinuhes Flucht war kontextuell sanktionierbar, wurde aber zum Moment seines kotextuellen Erfolgs - die Flucht des jungen Prinzen ist schon von vornherein individuell motiviert und gerechtfertigt; Sinuhe hatte keinen objektiven Grund für seine Flucht wenn nicht der *sḫr nṯr*, seinen noch nicht ausgesprochen, aber durchaus vorhandenen mimetischen Drang nach Realitätserfahrung - der Flüchtling des Neuen Reiches flieht vor dem direkt an seiner Person angeblich verübten Unrecht: die Beweggründe des letzteren setzen die bahnbrechende Erfahrung des ersteren literarhistorisch voraus.

Ähnliche Entwicklungslinien zeigt auch ein anderes Merkmal unseres Märchens: der *ḥq3 ḫ3s.wt* Ammunenschi ist zum *wrj nj nhrn*, zum Herrscher eines Großreichs geworden. Auch hier möchte ich das Zeichen eines weiteren Schrittes auf dem Weg der mimetischen Präsentation des Auslands erkennen; entstand der literarische Dialog zwischen Ägypten und Asien im Mittleren Reich im Rahmen eines weltanschaulichen Herrschaftsanspruchs Ägyptens (und zwar Ägyptens als großen Kulturraumes vs. das Ausland in der Form kleinerer politischer Einheiten), so findet er jetzt zwischen zwei Großreichen, zwischen zwei - zumindest potentiell - gleichwertigen Gesprächspartners statt. Ein solcher Ausgleich, der in den Auslands- bzw. Ausländerdarstellungen der zeitgenössischen topischen Literatur natürlich keine Entsprechung erfährt[9], läßt sich, abgesehen von seiner historischen Begründung - die von der literarischen Ideengeschichte selbstverständlich nicht verworfen, sondern im Gegenteil sogar erhärtet wird -, nur im Licht vergangener mimetischer Versuche nachvollziehen. Der nächste Schritt wäre dann die Umkehrung der Verhältnisse, d.h. die Darstellung der Schwäche Ägyptens im Dialog mit dem Ausland: und interessanterweise ist auch dieser Schritt in der ägyptischen Literatur später tatsächlich belegt, und zwar in der Geschichte von Wenamun (s. § 21 unten) - ein Element, das die Wahrscheinlichkeit der hier vorgeschlagenen Entwicklungshypothese des literarischen Auslands-Bewußtseins erhöhen dürfte.

Noch wichtiger scheint mir eine andere Umkehrung traditionellen Denkens in unserem Text: der Verwunschene Prinz setzt sich *freiwillig* dem mimetischen Verfahren der Realitätsbewältigung aus: nicht der Ägypter erkundet das Fremde und den Fremden, wie bei Sinuhe, sondern umgekehrt der Fremde den Ägypter: "Erzähle mir von dir", fragt der *wrj nj nhrn*. Etwas umformuliert, aber wie ich hoffe ohne Bildverzerrung, impliziert diese Frage ideengeschichtlich: das Ägypter-Sein ist nicht

9 Man denke etwa an den im § 10 diskutierten Hyksos-Topos des Speos Artemidos.

mehr "selbstverständlich", sondern ist zum potentiellen Gegenstand fremder Neugier geworden, die von einem gleichwertigen Ausländer, dem Herrscher eines Großreichs, ausgeht. Und es ist vielleicht nicht unangebracht, einen Zusammenhang zwischen dieser Frage und dem Erstaunen der Königskinder vor dem zurückgekommenen und noch asiatisch bekleideten Sinuhe zu erkennen, das am Ende des vorigen Kapitels besprochen wurde: die eigentliche (*m m3ᶜ.t*) Natur des Menschen, d.h. sein *qj*, stellt den primären Gegenstand des mimetischen Verfahrens dar, wobei jetzt dem Ausländer einen identischen Anspruch auf Erkundungsneugier eingeräumt wird[10]; das frühere Objekt kann jetzt auch zum Subjekt werden[11].

"Und ich sollte meine Tochter gerade dem ägyptischen Flüchtling geben? Er soll lieber verschwinden!" heißt die Reaktion des Ausländerfürsten auf die Nachricht, daß der Flüchtling das Fenster der Prinzessin erreicht und dadurch den Wettbewerb um ihre Hand gewonnen habe. Hier bestätigt sich die vorher angesprochene "freiwillige Aussetzung" des Helden dem mimetischen Verfahren im Text; er ist nicht mehr das einzige Handlungssubjekt, sondern unterzieht sich der Ironie[12] eines ihm gesellschaftlich überlegenen Ausländers. Natürlich war schon Sinuhe Adressat von Ammunenschis Ironie gewesen: anders als Sinuhe ist aber der Verwunschene Prinz an dieser Stelle der Erzählung nicht in einer Position selbstschuldiger Schwäche, sondern in einer Position selbsterzielter Stärke. Sinuhes Autor kann noch keinen Zweifel daran hegen, daß die Ehe des ägyptischen Flüchtlings mit Ammunenschis Tochter vom Ausländerfürsten nur als eine ihm erwiesene Ehre aufgefaßt werden kann; die Schwierigkeit der menschlichen Auseinandersetzung mit der fremden Realität bleibt lediglich Sinuhes Problem, d.h. ein *innerägyptisches* Problem, wobei Ammunenschi die Rolle des Auslösers dieses Erkenntnisprozesses spielt; im Falle des Verwunschenen Prinzen ist hingegen die mimetische Darstellung schon so vorangetrieben, daß für den Trägerkreis der ägyptischen Literatur sogar die Frage nach

10 Dabei drängt sich der Vergleich mit einem identischen Motiv in der (natürlich viel späteren) biblischen Literatur; vgl. *Jon* 1, 8-9: "Und sie sagten ihm: 'Bitte, erzähle uns, warum uns ein derartiges Übel passiert. Was hast du für eine Tätigkeit, und woher kommst du? Was ist dein Land, und aus welchem Volk kommst du?' Und er antwortete ihnen: 'Ich bin ein Hebräer und verehre Jahweh, den Gott des Himmels, der das Meer und das trockene Land erschaffen hat'."

11 In diesem Licht möchte ich auch die positive Rolle interpretieren, die der mitannischen Prinzessin zuteil wird; eine positive Frauenrolle, die in der ägyptischen Literatur einmalig bleibt: HELCK, in: *Festschrift Fecht*, 221-222. Es handelt sich um eine weitere Etappe auf dem Weg der mimetischen Überprüfung topischer Denkschemata: daß diese Mimesis gerade einer Ausländerin anheimgestellt wird, dürfte im Rahmen meiner Argumentation als weiterer Beleg für die Relevanz der semantischen Größe "Ausland" bei der Entwicklung des autonomen mimetischen Diskurses angesehen werden.

12 Zur engen Beziehung zwischen rhetorischer Frage ("Und ich sollte meine Tochter ...") und Einsetzung der Ironie vgl. ROOT, 234 ff.

der Tauglichkeit eines Ägypters, der Ehemann einer ausländischen Prinzessin zu werden, jetzt legitim erscheint. "Er soll lieber verschwinden": die topische MN̄TϢM̄MO wird mimetisch umgekehrt; jetzt ist ein Ägypter "der fremde Vogel" geworden.

Legitimierung der Flucht als Moment der individuellen Befreiung vom Unrecht, Relativierung von Ägyptens politischem und weltanschaulichem Selbstverständnis stellen also m.E. den entscheidenden Beitrag des Verwunschenen Prinzen zur Entwicklung der mimetischen Auslandseinschätzung da. Abschließen möchte ich mit einem Hinweis, der wegen der Unvollständigkeit des uns erhaltenen Fragments der Erzählung lediglich den Rang einer Vermutung beanspruchen darf: wenn der junge Prinz sein Leben - mit oder ohne Verwirklichung des bösen Schicksals - bis zum Ende seiner Tage im Ausland verbringen und im Ausland sterben sollte, dann wären wir hier sehr nah an die Grenze einer dem ägyptischen Weltbild überhaupt zumutbaren mimetischen Revision gekommen: im Ausland könnte man in diesem Fall nicht nur vorübergehend verweilen, bis man sich wieder auf die Priorität der ägyptischen Sinnwelt besinnt (wie in Sinuhes Fall), sondern endgültig eine neue Heimat finden. Ein Schlag gegen den Topos der MN̄TϢM̄MO: der "Einbruch der Geschichte" findet ein Echo in der zeitgenössischen Literatur; der mimetische Ägypter ist bereit, zuzugeben, daß vielleicht auch im Ausland dieselben Werte des menschlichen Lebens, dieselbe Neugier nach Neuem verwirklicht werden kann. Hier hätten wir einen ideologischen Höhepunkt: könnte man in diesem Fall die Behauptung der westlichen Wissenschaft immer noch akzeptieren, daß diese "Neugier" eine Eigenschaft der griechisch-europäischen Kultur[13] gewesen sei?

§ 21 Das letzte Kapitel unserer kurzen Geschichte der ägyptischen literarischen Mimesis bildet die "Erzählung von Wenamun"[14]. Die Reise des "Gottesboten" Wenamun nach Phönizien stellt die ägyptische Auslands-Erfahrung *par excellence* dar; die topischen Stellen werden durch die Textgliederung in die Rolle echohafter - ironischer! - Wiederholungen gedrängt, die keinen Realitätsbezug mehr beanspruchen können. Die Mimesis scheint den Rahmen des literarischen Diskurses zu sprengen und deren Inhalte zu Ägyptens neuer, unproblematisch akzeptierter Welt-

13 Zu diesem Problembereich vgl. insbesondere DIETSCHE, *Erstaunen über das Fremde*.

14 Die Einbeziehung dieses Textes in meine Untersuchung läßt schon erkennen, daß ich keinen Zweifel daran hege, daß es sich dabei um ein *literarisches* Werk handelt: vgl. die Verweise auf die fachinterne Diskussion bei HELCK, in: *LÄ* VI, 1215-1217. Die Zugehörigkeit des Textes zur mimetischen Tradition in der ägyptischen Literatur wurde schon mehrmals betont; vgl. die stringenteste Formulierung bei LICHTHEIM, *Ancient Egyptian Literature* 2, 224: "what *Sinuhe* is for the Middle Kingdom, *Wenamun* is for the New Kingdom: a literary culmination".

anschauung zu werden. Doch auch in diesem Falle gestaltet sich die innerliterarische Analyse etwas differenzierter, wie ich im Verlauf dieses Paragraphs anhand exemplarisch gewählter Textpassagen aufzeigen möchte.

Wenn das Ausland für Sinuhe - und für die XII. Dynastie - noch sozusagen am "Horizont" der Erzählung steht und nur das Moment der Verdichtung des individuellen Erfindungsprozesses darstellt, wenn für den Verwunschenen Prinzen - und für die Anfangsphase der Ramessidenzeit - die Hypothese der potentiellen Gleichwertigkeit des Auslands mit der eigenen Kultur sich allmählich anbahnt, so ist Syrien für Wenamun - und für das ausgehende Neue Reich - zur Hauptkomponente des ägyptischen Weltbildes, zum "Thema" geworden[15]: nicht nur nimmt das Ausland an der Erzählung teil, sondern es prägt sie unmittelbar. Dabei spielen die zwei Figuren von Beder, Fürst von Dor, und Tjekerba^{c}al, Fürst von Byblos, die zentrale narrative Rolle. Nachdem Wenamun im Hafen von Dor von einem seiner eigenen Matrosen beraubt wird, wendet er sich an Beder mit der Bitte um polizeiliche Hilfe, und zwar in dessen eigenem Interesse, denn aus dem gestohlenen Geld müßten die Holzlieferungen für die Große Barke von Amun-Re bezahlt werden. Beders Antwort ist eines der schönsten Beispiele neuägyptischer direkter Rede:

"Und er sagte mir: 'Bist du ganz in Ordnung? Bist du verrückt? Schau mal: ich verstehe gar nicht die Forderung, die du mir gestellt hast! Wenn es ein Dieb aus meinem Land gewesen wäre, der zu deinem Schiff gekommen wäre, um dein Geld zu stehlen, würde ich es für dich ersetzen, und zwar aus meinem eigenen Schatz, bis dein Dieb namentlich entdeckt wird. Aber der Dieb, der dich beraubt hat, der gehört dir, der gehört deinem Schiff! Bleibe ein paar Tage hier, und ich werde ihn suchen."[16]

Ein solcher Ton seitens eines ausländischen Gesprächspartners ist in der ägyptischen Literatur einmalig, zumal im Sinne des ägyptischen Weltbildes der Protagonist - anders als Sinuhe - sich keines Vergehens bzw. Verbrechens schuldig gemacht hat; im Gegenteil repräsentiert er einige Grunderwartungen dieser Weltanschauung. Hier liegt die wichtigste Innovation gegenüber früheren Mimesis-Darstellungen der Ausland-Erfahrung: nicht nur ist der Erfolg von Wenamuns Mission auf die unmittelbare ausländische Hilfe angewiesen (was weder Sinuhes noch des Verwunschenen Prinzen Flucht charakterisiert hatte), sondern von ihr völlig abhängig: der (Pseudo-)Held steht vollkommen im Schatten der Figuren ausländischer Potentaten.

15 Zur Opposition zwischen "Thema" und "Horizont" vgl. GUMBRECHT, in: ders., *Literatur in der Gesellschaft des Spätmittelalters*, 99-100 und STIERLE, in: HENRICH - ISER, 173-182.

16 pMoskau 120, 1,17-1,21.

Er wird gedemütigt, die Schuld wird auf ihn zugeschoben: ein kleiner phönizischer Fürst hält den - dazu mit einer religiösen Mission beauftragten - Ägypter in seiner Hand.

Gewiß haben auch die realweltlichen Ereignisse die mimetische Darstellung des Auslands bzw. des Ausländers in der Literatur entscheidend geprägt. Wohlgemerkt: geprägt haben sie diese Darstellung nicht nur in einem extensionalen Sinne, d.h. in der direkten literarischen Widerspiegelung der zeitgenössischen politischen Schwäche Ägyptens, sondern auch in einem intensionalen Sinne, d.h. in der indirekten literarischen Wiedergabe einer weltanschaulichen Erstarrung, die in der ägyptischen Gesellschaft eingetreten war: wir befinden uns in der *wḥm-msw.t*-Ära, in der Zeit der tiefsten gegenseitigen Annäherung der politischen und der religiösen Macht[17], der Zeit des thebanischen "Gottesstaates"[18] *par excellence*; das bedeutet folgerichtig auch die Zeit, in der die ägyptische "gesellschaftliche Konstruktion der Wirklichkeit"[19] am stärksten von einer absoluten "Erwartung" geprägt war[20]; Wenamun fährt nicht in königlichem, sondern in göttlichem Auftrag:

"Und am Tag meiner Ankunft nach Tanis, der Residenzstadt von Smendes und Tentamun, übergab ich ihnen die Briefe von Amun-Re-König-der-Götter; sie ließen sie vor ihnen vorlesen und sagten: 'Ja, ich werde nach dem Befehl von Amun-Re-König-der-Götter, unserem Herrn handeln!'"[21]

Ich möchte annehmen, daß - wie Marquards Worte als Motto dieses Kapitels suggerieren - gerade in der Zeit, da in Ägyptens gesellschaftlicher Struktur Tendenzen zur Verfestigung bzw. Verabsolutierung der tradierten Erwartung aufkamen, sich in der Literatur ausgleichend die "realistische" Auseinandersetzung mit der Wirklichkeit der Auslands-Erfahrung durchsetzte und ausbreitete. In der Mimesis der XII. Dynastie war das Ausland Prüfstein der individuellen Verifizierung topischer Denkmodelle gewesen; in der mimetischen Erzählung der frühen XIX. Dynastie war es zum gleichberechtigten - wenn nicht potentiell gleichwertigen - Ebenmaß Ägyptens geworden; in der post-ramessidischen Literatur ist es jetzt die

17 Vgl. KITCHEN, *Third Intermediate Period*, 248-258.

18 S. HELCK, *Politische Gegensätze*, 73-74.

19 BERGER - LUCKMANN, 21 ff.

20 Das geht deutlich aus der schon zitierten Untersuchung von U.Rößler-Köhler zur Entwicklung des Königskonzeptes in der ägyptischen Spätzeit hervor: in den privaten Quellen der XXI. Dynastie ist die göttliche Besetzung der Königsfigur (Rößler-Köhlers "Haltung I 2 a") voll ausgeprägt: vgl. 530-531.

21 pMoskau 120, 1,3-1,6. Vgl. HELCK, in: *LÄ* II, 823.

Variable, an der die ägyptische Sinnwelt ihre eigene Krise ablesen und konstatieren kann.

Wenamuns langes Gespräch mit der zweiten Ausländerfigur, dem Byblosfürsten Tjekerba^{c}al[22], expliziert die vorangehenden Überlegungen. Wenamun zitiert die topische Freundschaft zwischen Ägypten und Byblos herbei; der Ausländerfürst antwortet anmaßend, berechnend und hinterlistig:

"Und in diesem wichtigen Moment schwieg ich. Danach fragte er mich: 'Aus welchem Grund bist du denn gekommen?', und ich antwortete ihm: 'Für das Holz der Großen und Adligen Barke von Amun-Re-König-der-Götter; was dein Vater und der Vater deines Vaters taten, sollst du auch tun!'. So sagte ich ihm. - Danach sagte er mir: 'Ja, sicher, sie taten es; wenn du mich bezahlst, um es zu tun, werde ich es gewiß auch tun. Was glaubst du denn? Meine Vorgänger ließen sich auf dieses Geschäft nur deshalb ein, weil Pharao (l.h.g.) sechs Schiffe mit ägyptischen Waren geschickt hatte, die dann in den Magazinen ausgeladen wurden. Dagegen du, was hast du mir gebracht? [. . .]

Wenn der Herrscher Ägyptens auch der Herr meines Besitzes wäre, dann wäre ich sein Diener, und er hätte nicht Silber und Gold mit der Bitte um Ausführung von Amuns Befehl schicken brauchen! Das war kein königliches Geschenk, was sie für meinen Vater machten. Und auch ich, ich bin weder dein Diener noch der Diener deines Auftraggebers. Wenn ich zu den Libanonbergen schreie, öffnet sich der Himmel und das Holz liegt sofort da, an der Meeresküste. Dagegen du, gib du mir die Segel, die du gebracht hast, um deine Schiffe, beladen mit deinem Holz, nach <Ägypten> zu führen! [. . .] Denn Amun donnert im Himmel, seitdem er Seth in seiner Zeit gesetzt hat. Aber wir wissen ja: Amun schuf alle Länder erst nachdem er das Land Ägypten, aus dem du kommst, geschaffen hatte! Und bekanntlich sind auch die Trefflichkeit und die Weisheit von dort zu meinem Ort exportiert worden! Was soll denn diese dumme Reiserei, die du machen mußt?'

Ich antwortete: 'Falsch! Das ist keine dumme Reise, auf der ich bin! Auf dem Fluß gibt es kein Schiff, das nicht Amun gehört: Ihm gehört das Meer, Ihm gehört auch Libanon, von dem du behauptest, es gehöre dir. Das Holz der Libanonberge wächst nur für Amun-Weser-Hat, die Herrin aller Barken." - ('Tatsächlich?', sagte er.) - Amun-Re-König-der-Götter ist es, der meinem Herrn Herihor befahl, mich zu schicken, und er veranlaßte mich, mit diesem großen Gott zu kommen. Aber siehe, du hast bisher diesen großen Gott 29 Tage in deinem Hafen sitzen lassen, ohne

22 pMoskau 120, 1,47 ff.

darauf zu achten, ob Er hier ist. Ist Er etwa nicht derjenige, der immer schon war? Du bist anscheinend bereit, über Libanon mit dessen Herrn Amun Handel zu treiben! Was jetzt dein Argument anbelangt, daß die früheren Könige Silber und Gold geschickt hatten und daß sie diese nicht geschickt hätten, hätten sie über Leben und Heil verfügen können: als Ersatz für Leben und Heil für deine Väter schickten sie sie, denn nur Amun-Re-König-der-Götter ist der Herr des Lebens und des Heiles, Er ist der Herr deiner Väter! Sie verbrachten ihr ganzes Leben, indem sie Amun Opfer gaben, und du auch, du bist Amuns Diener. Wenn du zu Amun 'Jawohl' sagst und seinen Befehl ausführst, wirst du lebendig, heil und gesund sein und deinem Land und deinem Volk eine Wohltat erweisen' [. . .]

Er legte meinen Brief in die Hand seines Boten und lud den Kielbalken, den Bug, das Heck und vier Stücke behauenes Holz - insgesamt sieben - und schickte sie nach Ägypten. Sein Bote, der nach Ägypten gegangen war, kam zurück zu mir nach Syrien im ersten Monat der Aussaat, wobei Smendes und Tentamun die folgenden Waren schickten: [. . .] - Und der Fürst freute sich, bestellte 300 Menschen und 300 Ochsen und bestellte über sie Aufseher, um das Holz zu fällen. Das Holz wurde gefällt und blieb während der Aussaat dort liegen. Im dritten Monat der Ernte wurde dann das Holz an die Seeufer gezogen. Der Fürst kam, hielt sich beim Holz auf und bestellte mich zu ihm. Als ich zu ihm ankam, fiel auf mich der Schatten seines Lotusblattes und Penamun, ein Diener von ihm, sich einmischte und sagte: 'Der Schatten von Pharao (l.h.g.), deinem Herrn, ist auf dich gefallen!' Aber der Fürst ärgerte sich mit ihm und sagte: 'Laß ihn in Ruhe!' - Und als ich vor ihm stand, sagte er mir: 'Also, das Geschäft, das meine Väter früher machten, habe ich auch gemacht, obwohl du für mich nicht dasgleiche getan hast, was deine Väter taten. Aber siehe, dein letztes Stück Holz ist angekommen und liegt nun fertig. Tue mir den Gefallen und komm nun, um es zu laden. Ist es etwa nicht dir gegeben worden? Komm nicht nur, um das furchterregende Meer anzugucken; denn wenn du dir die Furcht des Meeres zu lange anguckst, wirst du die Furcht meiner selbst erleben! Eigentlich habe ich dich nicht wie Chaemwasets Boten behandelt, als sie 17 Jahre in diesem Land verbrachten: sie starben auf der Stelle!' Und er sagte seinem Diener: 'Nimm ihn mit zum Grab, in dem sie ruhen' - Aber ich sagte ihm: 'Laß es mich nicht sehen; was Chaemwaset angeht, waren die Leute, die er als Boten zu dir gesandt hatte, (einfache) Menschen, und er selbst war ein (einfacher) Mensch. Aber hier vor dir hast du keineswegs einen seiner Boten, dem du sagen könntest: 'Geh hin und guck dir deine Genossen an'. Du solltest dich eigentlich freuen, eine Stele für dich errichten und darauf schreiben lassen: 'Amun-Re-König-der-Götter sandte zu mir seinen Boten Amun-des-Weges (l.h.g.) mit seinem menschlichen Boten Wenamun, auf der Suche nach dem Holz für die Große und Adlige Barke von Amun-Re-König-der-Götter. Ich fällte es, lud es und stellte meine Schiffe und meine Männer zur

Verfügung. Ich veranlaßte, daß sie Ägypten erreichen, um von Amun fünfzig Lebensjahre zusätzlich zu meinem Schicksal zu erbitten.' Und wenn, nach einiger Zeit, ein schriftkundiger Bote aus Ägypten hierher kommen und deinen Namen auf der Stele lesen sollte, wirst du wie die hier ansässigen Götter das Wasser des Westens bekommen'."

In diesem Fall war es notwendig, die ganze Passage zu übersetzen, weil die Einschätzung von Tjekerba^{c}als Einstellung zu Wenamun und *vice versa* nur aus dem gesamten Kontext und dem Tenor der Diskussion ersichtlich wird. In diesen Seiten manifestiert sich am deutlichsten das Ausländer-Bild der *wḥm-msw.t*-Ära: die Zeit der extremen kulturellen Distanzierung von den realweltlichen - insbesondere politischen - Institutionen des Landes, die Zeit in der die Erwartungen, die im Laufe der ägyptischen Geschichte an das Königtum gestellt worden waren, nur noch vom thebanischen Pantokrator erfüllt werden konnten, ist gleichzeitig auch die Zeit von Ägyptens expliziter Ernüchterung in der Dialektik mit dem Ausland. Wie im frühen Mittleren Reich befinden wir uns jetzt in einer Epoche tiefgreifender Veränderungen kultureller Normvorstellungen; eine Entwicklung, die sich auf der literarischen Ebene im mimetischen Diskurs widerspiegelt: es besteht eine eindeutige Kluft zwischen den von Wenamun vorgebrachten religiösen Argumenten und der Erniedrigung des politischen Kontextes, auf die der Byblosfürst ihn immer (direkt oder indirekt) hinweist[23]. Im Unterschied zu den früheren mimetischen Ausländergestalten der ägyptischen Literatur ist aber in Beders oder Tjekerba^{c}als Augen das von Wenamun verkörperte Weltbild nicht nur dem eigenen entgegengesetzt, sondern geradezu verachtungswürdig. Das religiöse Moment, dessen Erörterung in Ammunenschis Mund den Anfang eines internen ägyptischen Überprüfungsprozesses gekennzeichnet hatte, ist jetzt zum Gegenstand von Tjekerba^{c}als Sarkasmus herabgesunken: ja, sogar sein Diener Penamun darf sich diesbezüglich einiges leisten[24]. Durch seine Konfrontation mit Asien setzt Sinuhe die Möglichkeit der individuellen kritischen Verifizierung des eigenen Weltbildes an; durch seine demütigende Erfahrung im Libanon verlautbart Wenamun literarisch das Ausmaß der sozialen und politischen Krise der ägyptischen Sinnwelt.

23 Zu dieser Opposition zwischen soziokulturellem *indecorum* und daraus resultierendem literarischen *decorum* vgl. PLETT, in: BROICH - PFISTER, 93-94.

24 Die Episode mit dem Schatten wirft außerdem einiges Licht auf die Frage der Rezeption ägyptischen religiösen Gedankengutes im Ausland: obwohl das "ekstatische" Moment eine sehr sekundäre Rolle in der ägyptischen religiösen Erfahrung zu spielen scheint (vgl. ASSMANN, *Theologie und Frömmigkeit*, 183-185), wurde es anscheinend im zeitgenössischen Ausland (und nicht nur da: vgl. die gesamte westliche Ägypten-Rezeption!) als ägyptisches Charakteristikum angesehen; sonst vermöchte ich den Prä-Text von Penamuns sarkastischer Bemerkung, die so respektlos klingen muß, daß sich sogar Tjekerba^{c}al dagegen wehrt, kaum zu verstehen.

Anders als in den früheren Mimesis-Texten ist hier der Held (oder besser der Pseudo-Held, wie übrigens auch die anderen Ägypter - wie Sinuhe bzw. der Verwunschene Prinz -, die in dialektischer Auseinandersetzung mit dem Ausland dargestellt werden und ihre "psychologische" Schwäche durch eine "ideologische" Kraft kompensieren) Wenamun wirkungslos im Sinne der "Lysis", der im Rahmen der Erzählung erwarteten Problemlösung: er ist der Willkür eines fremden Fürsten ausgesetzt und kann der unberechtigten (und unberechenbaren) Anmaßung von Tjekerba^{c}al nichts entgegensetzen. Wenn die "Ironie" bei Sinuhe als subtiler Teil der Dialektik zwischen Verfasser und Leser eingesetzt worden war, wenn ihre Funktion im "Verwunschenen Prinzen" durch den höheren Fiktionalitätsgrad des narrativen Stoffes ersetzt wird, so ist sie jetzt zum Mittel der expliziten Abwertung sinnkonstitutiver Werte in der ägyptischen Gesellschaft geworden[25]. Die Entwicklung der Mimesis in der ägyptischen Literatur war im Mittleren Reich das wahrnehmbare Merkmal der Herauskristallisierung eines "bürgerlichen" Bewußtseins, eines sich anbahnenden Individuum-Problems gewesen[26]; sie ist jetzt das explizite Zeichen eines Bewußtseins der Dimension des Vorübergehenden im menschlichen Dasein geworden[27]: Beweise dafür liefert der Dialog zwischen Wenamun und seinen phönizischen Gesprächspartnern mit seiner "Abschweifung", seinem Aneinandervorbeireden, seinen Unterschieden im Stil der Sprechhaltung[28]: gehoben-topisch bei Wenamun, ironisch-mimetisch bei dessen Kontrahenten. Die Komplizität, die ästhetische Identifikation des Lesers mit dem (Pseudo-)Helden ist nicht mehr "kathartisch", wie mit Sinuhe, oder "sympathetisch", wie mit dem Verwunschenen Prinzen, sondern "ironisch" schlechthin[29]. Es geht nicht mehr darum, neue Dimensionen menschlichen Daseins zu erforschen bzw. zu erschließen, sondern darum, die

25 Bezeichnend ist z.B. in dieser Hinsicht Beders Andeutung der Möglichkeit, daß Wenamuns Unglück vom König selbst und dessen Hinterlist ausgehe (pMoskau 120, 1,53 ff.): man erinnere sich als Gegenpol dazu an Ammunenschis politisch-religiöse Rhetorik bei der Erwähnung von Pharaos Eigenschaften (§ 17)!

26 Ähnliche gesellschaftliche Entwicklungstendenzen liegen auch der Entstehung des "realistischen" Romans in der westlichen Kultur zugrunde: vgl. GALSTERER, in: CERQUIGLINI - GUMBRECHT, 499 ff. zum "Gastmahl des Trimalchio" in Petrons *Satyricon* und dessen Relevanz für die Sozial- und Kulturgeschichte der Kaiserzeit bzw. GUMBRECHT, in: HENRICH - ISER, 245 ff.

27 Vgl. ALLEMANN, 42 zur "tragischen Ironie" und HELLER, in: HASS - MOHRLÜDER, 218 zur Goetheschen Auffassung der Ironie als Gesinnung, "die sich über die Gegenstände, über Glück und Unglück, Gutes und Böses, Tod und Leben erhebt und so zum Besitz einer wahrhaft poetischen Welt gelangt".

28 Vgl. ROOT, 231.

29 Zu dieser Typologie der narrativen Identifikationsmuster vgl. JAUß, in: WEINRICH, *Positionen der Negativität*, 314-335.

Reduzierung von Ägyptens soziopolitischen Perspektiven literarisch zu verarbeiten. Diese Projizierung von *m3ᶜ.t* in die verklärte, göttliche Welt geht natürlich mit einer erneuten Hervorhebung der individuellen, nicht-staatlichen Dimension des Menschen zusammen, die für diese Zeit auch von anderen Bereichen der ägyptischen Kultur dokumentiert wird[30].

Um noch deutlicher zu werden: die vom fremden *rmṯ* vermittelte Weltanschauung ist nicht mehr die potentielle, kathartisch wirkende Alternative am Horizont des individuellen Daseins (und natürlich erst recht nicht die *in toto* abzulehnende "Unkultur" nach topischem Muster), sondern die symmetrische Spiegelfläche des eigenen Scheiterns; je vertrauensvoller die eigene Beziehung zu den Grundlagen des ägyptischen gesellschaftlichen Lebens, desto subtiler und differenzierter die Ausländergestalten in der jeweiligen literarischen Mimesis; je enttäuschter dagegen die ägyptische Selbsteinschätzung, desto grober und vulgärer der mimetische Fremde. Mit anderen Worten: die ägyptische Haltung zum Ausländer in der literarischen Mimesis steht in direktem Verhältnis zur Haltung des Ägypters zu sich selbst als *rmṯ*[31] und *rmṯ nj km.t*[32]. Am Ende setzt Wenamun lediglich eine Waffe ein, um dem Scheitern seines Auftrags, d.h. im Grunde der Niederlage der eigenen Sinnwelt partiell auszuweichen, und zwar die Waffe der wortwörtlichen Wiedergabe zeitgenössischer Ideologoumena: er ist kein einfacher *rmṯ* (wie etwa seine Vorgänger), sondern des Gottes eigener Bote[33]; seine Vorgänger kamen in königlichem, er in

30 Man denke etwa an den Reichtum an prosopographischen Kenntnissen - im politischen wie auch im religiösen Bereich -, die für die Zeit nach der XIX. Dynastie dem Ägyptologen zuteil wird (vgl. etwa BIERBRIER, *Late New Kingdom in Egypt*); einen Materialreichtum, der in einen gesamten kulturellen Zeitgeist gehört, in dem der Einzelne emphatisiert bzw. das Staatliche deemphatisiert wurde.

31 Vgl. sehr präzise H.-J.Heinrichs Einleitung zu LEIRIS, 7; zu einer ähnlichen Auffassung der Rolle der ethnozentrischen Entschlüsselung fremder Kulturen im utopischen Roman des europäischen XVIII. Jahrhunderts vgl. WINTER, in: HAUBRICHS, *Erzählforschung 3*, 135 ff.; vgl. etwa in meiner Richtung 151: "Gulliver ist nicht mehr der Entdecker, sondern ganz im Sinne des Lichtenbergschen Aphorismus der Entdeckte". Sinuhe, der Verwunschene Prinz und Wenamun sind auch, eher als Entdecker fremder Kulturen, Entdecker des eigenen kulturellen Standortes, der eigenen gesellschaftlichen und politischen Normen.

32 Auch die Berücksichtigung der Dimension des Ägypter-Seins bzw. des Ägyptisch-Sprechens ist relevant für die Zwecke unserer Analyse: ägyptisch zu sprechen ist für Wenamun nicht mehr (wie für Sinuhe) ein Zeichen der fiktiven Ägyptisierung des mimetischen Fremden, sondern ein weiteres Element im Rahmen des Prozesses der Selbstrelativierung: in Alaschija muß sich Wenamun selbst darum bemühen, für seine Unterhaltung mit der Stadtfürstin einen Dolmetscher zu finden. Die diesbezügliche Frage pMoskau 120, 2,77 "Gibt es unter euch jemanden, der ägyptisch kann?" stellt gewissermaßen ein Unikum in der ägyptischen Literatur dar.

33 Auch am Anfang der Erzählung ist die göttliche Dimension die einzige, die Wenamun zur Verwirklichung seines Auftrags verhilft: der Mann in Ekstase (pMoskau 120, 1,39-1,40)

göttlichem Auftrag. Und die ironische Antwort des plumpen Syrers entspricht vielleicht doch - noch einmal! - Wenamuns eigenem Selbstverständnis: "Ein großartiges Zeugnis von Predigt hast du mir gerade geboten!".

erkennt ihn als Amuns Boten. Ist hier vielleicht doch die sich anbahnende Möglichkeit auch der "schamanischen" Dimension der Gottesnähe ansatzweise angedeutet? Vgl. oben Anm. 24.

7 An der Grenze des Systems: Seth und der religiöse Diskurs

§ 22 Der Leser, welcher der Diskussion bis zu diesem Punkt gefolgt ist, könnte versucht sein, mich zu fragen, ob die im vorangehenden angestellten Überlegungen lediglich den "inneren Gesetzen" des ägyptischen literarischen Diskurses *stricto sensu* entspringen, oder ob sie im Gegenteil auch in anderen - weniger oder gar nicht literarischen - textuellen Größen verifiziert werden können. Mit anderen Worten: Gibt es weitere Kontexte der ägyptischen Kulturgeschichte, in deren Literarisierungs-, oder besser Veröffentlichungsprozeß (im technischen Sinne) ähnlich gelagerte "mimetische" Tendenzen bei der Ausländerpräsentation festgestellt werden können?

Mir scheint, daß diese Frage bejaht werden darf, und daß sie zudem unerwartete - und weiterführende - Perspektiven auch einem Bereich der ägyptologischen Analyse erschließt, der bisher in der Fachliteratur nur nach den internen Kriterien des einschlägigen Diskurses (oder höchstens nach historischen Gesichtspunkten) untersucht worden ist. Damit meine ich die *religiöse* Sinnwelt, vor allem denjenigen Komplex religiöser, theologischer und allgemein weltanschaulicher Elemente, die mit der Figur des Gottes Seth[1] in Zusammenhang gebracht werden. Bekanntlich erfüllt Seth im ägyptischen Weltbild mehrere, zum Teil recht widersprüchlich anmutende Funktionen, die m.E. in zwei "Seth-Modellen" aufgegliedert werden können:

(a) Seth als weltbildlich unterlegener "Gegner", als systemexterner "Feind"; es handelt sich im Grunde um den Seth der Osiris-Konstellation;

(b) Seth als dem ägyptischen Weltbild inhärenter "Wettbewerber", als systemintern wirkender "Trickster"; dies ist der Seth der Horus-Konstellation(en[2]).

1 Die beste monographische Behandlung ist immer noch te VELDEs *Seth, God of Confusion*, insbesondere in religionswissenschaftlicher Perspektive; zur Literatur vgl. *ebd.*, VII-VIII und ders., in: *LÄ* III, 25-27 bzw. V, 908-911.

2 Auch den Seth, der am Bug der Sonnenbarke Apophis abwehrt (s. vor allem HORNUNG, *Amduat II*, 139-140 und die dort angeführte Literatur) sehe ich als Funktion des "Wettbewerbers" an, zumal diese ausgesprochen positive Rolle des "wütenden Gegenstücks" zu Re

Die ägyptologische Hermeneutik hat sich vornehmlich mit den religionspolitischen bzw. -wissenschaftlichen Aspekten dieses funktionellen Unterschieds auseinandergesetzt: die Vorherrschaft des einen oder des anderen Seth-Modells wird auf die Wirkung (kultur-)historischer Ereignisse zurückgeführt bzw. als Widerspiegelung, als Nebenprodukt (kultur-)politischer Entwicklungen ausgedeutet[3]; exemplarisch denke man etwa an die Auslegung des Auftretens des Horus *sḫm-jb* / Seth *prj-jb=snj* bzw. des Horus-und-Seth *ḫ^{c}j-sḫm.wj-ḥtp-nb.wj-jmj.wj=fj* in der II. Dynastie, einer Zeit des politischen "Wettbewerbs" zwischen der Horus- und der Seth-Macht[4]; an die Annahme eines Rückgangs in der Popularität des Seth in der Zeit nach der Hyksos-Herrschaft aufgrund des Identifikationsprozesses des Gottes mit der von den Asiaten verehrten ausländischen Gottheit in all deren Variationen (Seth ≡ Ba^{c}al?)[5]; an die Hypothese einer Rückbesinnung auf den "positiven" Seth (s. den Königsnamen *stẖ.y*) in der XIX. Dynastie als Zeichen einer Aufwertung der militärischen Dimension in der ägyptischen *imago mundi*[6]; an die "Verfemung" des Gottes im Jahrtausend des politischen und kulturellen Ausländerhasses, wobei Seth als Auslands- und Ausländergott *per definitionem* die Folgen dieser Entwicklung trägt und sein Ansehen einbüßt[7]; und man könnte weitere Beispiele anführen. Verallgemeinernd könnte man es vielleicht wie folgt formulieren: die negativen, "feindseligen" Eigenschaften des Gottes Seth werden im Laufe der ägyptischen Kulturgeschichte generell hervorgehoben, es sei denn, die politische Situation legt eine Aufwertung des "Gegensätzlichen" bzw. des "Aggressiven" als Kulturmerkmal nahe - in welchem Falle Seth als unvorhersagbarer, aber immer noch systeminterner Gegenpol die Möglichkeit einer (wenn auch nur zweckmäßigen oder partiellen) Rehabilitierung von *jzf.t*-Faktoren bot: der Feind und Mörder des Osiris-Mythos war

allmählich in die Theologie von Re-Harachte (vgl. ASSMANN, *Re und Amun*, bes. 50-95) integriert wird (< Re ≡ Horus, daher meine Einbeziehung in die Horus-Konstellation *lato sensu*). Zur Frage des Verhältnisses zwischen Seth und Thoth, welcher ersteren in einigen dessen Funktionen ersetzten kann (*ebd.*, 76), vgl. unten in diesem Kapitel.

3 Grundlegend (nach dem ursprünglichen Ansatz von Sethe) vgl. KEES, *Götterglaube*; in jüngster Zeit s. z.B. HELCK, *Politische Gegensätze*; gegen eine direkt geschichtsbezogene Interpretation und hin zu einer *religions*geschichtliche Lektüre der Vielseitigkeit dieser Gottesfigur tendiert hingegen te VELDE, *Seth, God of Confusion*, etwa 78-79.

4 S. z.B. die Diskussion von HELCK, in: *LÄ* IV, 937-938; vgl. dagegen kritisch te VELDE, *Seth, God of Confusion*, 72-73.

5 S. HORNUNG, *Amduat II*, 15-16; vgl. te VELDE, *Seth, God of Confusion*, 120-122.

6 Vgl. spezifisch die sog. Vierhundertjahrstele Ramses ' II.: zuletzt STADELMANN, in: *LÄ* V, 915 bzw. VI, 1039-1043; generell s. GRIFFITHS, *Conflict of Horus and Seth*, 123, 128; HELCK, *Geschichte*, 181 ff.; te VELDE, *Seth, God of Confusion*, 129-134.

7 *Ebd.*, 139-151.

gleichzeitig auch der Trickster und (sogar sexueller[8]) Partner des Horus, war er doch gleichzeitig der kosmische Widersacher des Apophis.

Die Frage nach einer einheitlichen funktionellen oder typologischen "Tiefenstruktur", die einem derartig komplexen und differenzierten Auftreten zugrunde liegen könnte, scheint mir ägyptologisch vor allem durch te Veldes Beobachtungen befriedigend gelöst worden zu sein: Seth ist der Gott *wḏ*ᶜ[9], repräsentiert also die "Grenze"[10] der geordneten Welt, die zu überschreiten das Un-geordnete bzw. das Un-geregelte automatisch heraufbeschwört; er stellt auf alle Fälle immer den "markierten" Pol der jeweiligen ikonischen Opposition dar: die Oasen vs. das Niltal[11], die unbewässerte Wüste vs. das bewässerte Ägypten[12], den "chaotischen" Sturm vs. den geregelten Sonnenlauf[13], die Trennung vs. die Einheit, den Tod vs. das Leben[14]. So verliert m.E. auch die scheinbare Unklarheit oder Ungewißheit der Familienverhältnisse (wessen "Bruder" ist Seth?) an Relevanz: als Feind des Osiris muß er naturgemäß dessen *sn* sein, als Mitbewerber des Horus ist er auch dessen Bruder geworden. Er ist "der Bruder" in - um einen Assmannschen terminologischen Vorschlag aufzunehmen - kombinatorischer Unfestgelegtheit[15], oder besser das *alter ego*, der negative Geselle des Helden in dessen jeweiliger Konstellation; man könnte die einschlägigen semantischen Größen vielleicht durch das folgende, aristotelisch inspirierte Dreieck veranschaulichen:

8 Zur gesamten Problematik vgl. *ebd.*, 32 ff. und unten in diesem Kapitel.

9 *Ebd.*, 63.

10 Seth, der die symbolische Verdichtung der "Grenzsituation" darstellt, wird deshalb auch interessanterweise mit der onirischen Dimension in Zusammenhang gebracht; vgl. pChester Beatty III, rto 1-11, das sog. "Traumbuch": te VELDE, *Seth, God of Confusion*, 112; VERNUS, in: *LÄ* VI, 745-749.

11 Vgl. GARDINER, *JEA* 19 (1933), 19 ff.; te VELDE, *Seth, God of Confusion*, 115-116.

12 Z.B. pSallier IV 9,8: "Die weiße Krone wurde dem Horus, die rote Krone dem Seth gegeben" oder *Urk.* VI 17,17: "Ägypten dem Horus, die Wüste dem Seth zu geben".

13 Z.B. *CT* VI 220 a-b (vgl. KEES, *ZÄS* 57 (1922), 96 ff.): "Ein Großer ist dieser, der aus der Erde hervorgegangen ist, der sich von Nun getrennt hat (*snw*, mit sprachlicher Anspielung auf *sn* "Bruder"!), der aus der Nut hervorgegangen ist, der dem Geb geboren wurde, der den Seth in dessen Sturm abwehrt, der den Fremdländern vorgesetzt ist, damit sie neutralisiert werden".

14 Vgl. *CT* III 349 e-f: "Ich bin nicht gestorben, Seth hat sich meiner nicht bemächtigt". Das soll aber nicht implizieren, daß Seth an sich den Tod repräsentiert; auf ihn kann eher Merikares Kennzeichnung des Asiaten (vgl. § 8) angewendet werden: *nj qn.n=f nj qnj.tw=f*, er kann nicht siegen, aber auch nicht besiegt werden. Der Tote in dessen positiven Eigenschaften ist natürlich Osiris; Seth ist die Verkörperung der "erotischen" Komponente, des "Gefährlichkeitsgefühls" des Todeszustands.

15 ASSMANN, in: ASSMANN - BURKERT - STOLZ, *Funktionen und Leistungen des Mythos*, 39.

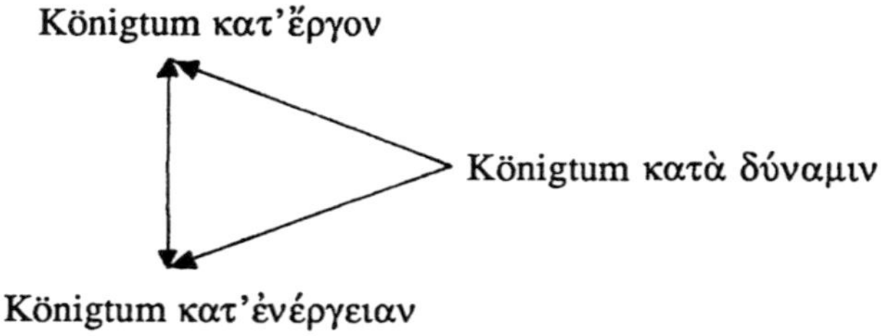

Im Rahmen unserer Konstellation heißen die Pole des Dreiecks:

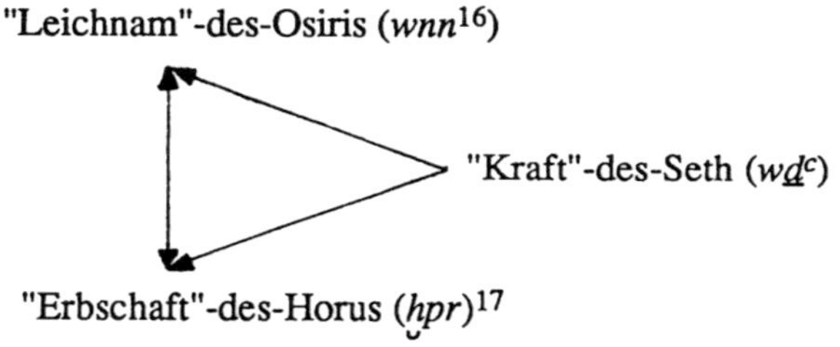

Osiris ist der "absolute Vater" (*jtj*), Horus der "absolute Sohn" (*z3*) und Seth der "absolute Bruder" (*sn*) innerhalb einer identischen Konstellation: die allen zugrunde liegende "Archifunktion" ist das ägyptische Königtum, die *nzw.yt t3.wj* in deren politischen und zugleich auch kosmologischen Aspekten. Osiris repräsentiert das *k3*-Moment (𓂓) dieser einheitlichen Tiefenstruktur[18], Horus deren lebende Verwirkli-

16 Zur Opposition zwischen *wnn* und *ḫpr* s. LOPRIENO, *Henoch* 3 (1881), 297-303.

17 Dieses funktionelle Kästchen wird im Laufe der Entwicklung der ägyptischen Theologie auch von anderen Göttern besetzt, vor allem dem Schöpfergött (*ḫpr ḏs=f*: *Pyr.* 1587b und ASSMANN, in: *LÄ* V, 677-690) und generell dem Sonnengott (vgl. ders., *Re und Amun*, 22-53; ders., *Theologie und Frömmigkeit*, 70-77, 146 ff.), in dessen Theologie die Figur des Horus integriert wird.

18 Die *k3*-haltige Dimension des Osiris ist nicht nur aus seiner Einbindung in den Totenkult, sondern auch direkt aus seiner "expliziten Theologie" erkennbar; man denke an die für das Verständnis des Osiris-Horus-Seth-Verhältnisses sehr lehrreiche Passage *Pyr.* 586-587: "O Osiris NN, erhebe dich zu Horus, begib dich zu ihm, entferne dich nicht von ihm! Horus ist gekommen, um dich [d.h. Osiris] zu erkennen; er [d.h. Horus] hat Seth für dich geschlagen, wobei letzterer jetzt gefesselt ist. Du bist sein [d.h. des Seth] Ka (*ṯwt k3=f*), Horus hat ihn für dich zurückgetrieben, du bist größer als er!" Horus "erkennt" (*jp*) Osiris, er erkennt ihn als

chung (vgl. den *k3*-Stier [19]), Seth die "Trennungslinie" (*wḏ*^{c}) zwischen beiden Aspekten, derjenige Faktor, welcher die Horus-Figur eine andere als die seines Vaters hat werden lassen, der ein an sich statisches Modell "dynamisiert" hat[20]. Denn "hamletisch" gesehen sind Osiris und Horus zwei verschiedene Entitäten, "ödipisch" gesehen jedoch die gleiche, Tod und Leben übergreifende Kamutef-Ganzheit[21]; als der Dialektik zwischen totem und lebendigem König innewohnende "Kraft"[22], als Urheber der in dieser Teilung beinhalteten Hybris ist Seth gleicher-

gewesene Form seiner eigenen Identität an; dabei ist Osiris der *k3* dieses dreiheitlichen Komplexes, was unser Text durch das Ikon "Ka des Seth" wiedergibt. Wir befinden uns in der "geordneten" Phase, in der Seth gefesselt (*q3s.w*) darniederliegt; ist der "absolute Bruder" hingegen nicht gefesselt, sondern hat aktiven Anteil am Geschehen, so gerät das System kraft seiner "Störungen" (*ẖnn*: vgl. *TB* 39,14; wohlgemerkt: in der durchaus positiven Rolle des Widersachers von Apophis!) in Bewegung.

19 Wenn die zwei gleichlautenden Wörter **kắ3* (FECHT, *Wortakzent und Silbenstruktur*, 96) etymologisch wirklich verwandt sein sollten (vgl. KAPLONY, in: ASSMANN - FEUCHT - GRIESHAMMER, *Gedenkschrift Otto*, 291 bzw. in: *LÄ* III, 275-282 mit bibliographischen Angaben), dann hätten wir auch eine sprachhistorische Erklärung für die gemeinsame Sphäre, welche die zwei Begriffe semantisch abzudecken scheinen (vgl. auch ASSMANN, in: TELLENBACH, *Vaterbild in Mythos und Geschichte*, 46-49): Osiris und Horus als Vater und Sohn (bzw. Vater-und-Sohn) teilen das Merkmal der *K3*-haftigkeit, indem ersterer das perfektive ἔργον ( ), letzterer die prospektive ἐνέργεια ( ) eines einheitlichen Begriffes - und einer einheitlichen Funktion - symbolisch verdichtet.

20 In diesem Sinne kann man den Mord an Osiris durchaus als Selbst-Mord verstehen (vgl. te VELDE, *Seth, God of Confusion*, 95 ff.): wenn die drei Götter wirklich verschiedene Aspekte einer einheitlichen Funktion sind, so ist der Brudermord der negative Akt der (Osiris)-Beförderung in den Tod, aber zugleich auch der positive Moment der (Horus)-Berufung ins Leben bzw. der "absoluten" Amtsübernahme. Seth als virtueller, aber nie verwirklichter König - vgl. oben meine Bezeichnung seiner Funktion als Königtum κατὰ δύναμιν - ist ein ebenso notwendiges Moment wie die "positiveren" Pole dieser Dreiheit von (a) totem, (b) lebendem und (c) potentiellem König. Zu diesem Mythos vgl. jetzt ausführlich ASSMANN, *Theologie und Frömmigkeit*, 149-176.

21 Zur Opposition "Hamlet"- vs. "Ödipus"-Konstellation in der Vaterfigur s. ASSMANN, in: TELLENBACH.

22 Die "Kraft des Seth" (*pḥ.tj stẖ*) - die durchaus auch sexuelle Konnotationen impliziert: te VELDE, *Seth, God of Confusion*, 38 - ist das topische Ikon der Haupteigenschaft des absoluten Bruders: s. exemplarisch *Pyr.* 1145 b "die Kraft des verstorbenen Königs ist die Kraft des Seth von Ombos". Damit haben wir, neben dem "Leichnam" (Osiris) und dem "Erbe" (Horus), die symbolische Verdichtung des beweglicheren, "dynamischen" Pols. Zur sexuellen Komponente vgl. unten § 24.

maßen Osiris- und Horus-Bruder; er ist der Bruder, der aller δύναμις inhärent ist, derjenige, der die Grenze des Systems markiert[23].

Es gibt im klassischen Griechisch ein Wort, das die Natur des Seth bzw. seine Eigenschaft als Gott *wḏ^c^* m.E. genauestens trifft: es ist das Wort κρίσις. Dabei hat dieser Begriff im klassischen Altertum noch nicht die zwangsläufig negative Konnotation angenommen, die ihm in der späteren abendländischen Kultur zuteil geworden ist: κρίσις bezeichnet den Moment der Trennung, der Unterscheidung zwischen zwei Phasen eines bestimmten Prozesses, etwa im medizinischen Kontext den Wendepunkt einer Krankheit, nach dem die erhoffte Genesung oder aber die endgültige Verschlechterung eintreten können[24]. In diesem Sinne ist Seth der "kritische Gott", für den eben die "Wendepunkte" (wie die Gewalt des Mordes, der Ausbruch eines Sturmes, die Grenze zwischen Ägypten und Wüste) charakteristisch sind.

§ 23 Zusammenfassend scheinen mir also diese Merkmale, das Auftreten des Seth, die Eigenschaften des ägyptischen [+ AUSLAND]-markierten Gottes in Texten des religiösen Diskurses zu kennzeichnen. Und doch kann auch in diesem Problembereich, wie im Falle des in den vorigen Kapiteln behandelten "menschlichen" Ausländers, die Berücksichtigung innerliterarischer Erwägungen in situationsabstrakten Texten zu einem besseren Verständnis der Komplexität der Größe "Ausland" in der ägyptischen Literatur beitragen. Denn die im § 22 skizzierte religionswissenschaftliche Charakterisierung würde für eine kurze Analyse der Natur dieses Gottes ausreichen, hätten wir nicht einen anderen, dritten Seth; denjenigen, welchem wir in literarischen Texten begegnen, vor allem im ramessidischen "Streit des Horus und Seth" (pChester Beatty I) - und metonymisch in der "Erzählung von Wahrheit und Lüge" (pChester Beatty II).

Traditionell hat die Ägyptologie auch die Besonderheiten der Figur des Seth im "Streit"[25] als (stilistisch nicht sonderlich gelungene) literarisierte Widerspiegelung

23 Trotz meiner generellen Reserven gegenüber einer hypertrophen Bewertung der Relevanz der Etymologie bei der Rekonstruktion ideationaler Verhältnisse, muß ich zugestehen, daß von allen angesetzten (par)etymologischen Ableitungen (s. te VELDE, *Seth, God of Confusion*, 1-7) eine kausative Bildung **s:t3š* mir semantisch am ehesten einleuchten würde; sie würde außerdem den Semiotiker, der oft von der Grenze der zu erforschenden Semiosphäre ausgeht (vgl. CALABRESE, 52-72; der Terminus "Semiosphäre" geht auf J.Lotman zurück), am ehesten befriedigen.

24 Vgl. LIDDELL - SCOTT, *A Greek-English Lexicon*, *s.v.* κρίσις.

25 Für den wissenschaftlichen Forschungsstand s. SCHLICHTING, in: *LÄ* VI, 84-86.

des "Urkampfs" um die Herrschaft Ägyptens[26] bzw. als verweltlichte ramessidische Wiedergabe der Theologie dieser Götter[27] bewertet; der Seth dieser Erzählung ist also dem Modell (b) zuzuordnen; er ist der zum Scheitern prädestinierte, aber potentiell gleichwertige "Mitbewerber" des Horus. Andererseits erscheint eine mit Seth sehr vergleichbare mythologische Gestalt in der "Erzählung" des pChester Beatty II mit dem Eigennamen *grg* "Lüge", wobei allerdings die Anwesenheit eines (nicht namentlich erwähnten![28]) Sohnes von *m3c.t* "Wahrheit" und einer weiblichen Figur als dessen Verführerin eher an eine Literarisierung der Osiris-Stoffes denken ließe[29]. Eher jedoch als auf das eine bzw. das andere religionswissenschaftliche Seth-Modell sollten die in diesen Texten feststellbaren perspektivischen Änderungen auf den Prozeß der literarischen Transzendierung theologischen Materials zurückgeführt werden: die Präsentation der mit der Größe "Ausland" verbundenen Gottheit unterliegt nämlich m.E. denselben Gesetzen, die in den Erzähltexten profanen Charakters den mimetischen Ausländer charakterisieren.

(A) *Die Gleichwertigkeit des Auftretens.* Lediglich die beim ägyptischen Leser anzusetzende Vertrautheit mit dem topischen Vor-Urteil, mit dem kontextuellen Prä-Text (in dem der Ausländer bzw. Seth negativ konnotiert sind) unterscheidet in den Mimesis-Texten den Ausländer (bzw. Seth) vom Ägypter (bzw. von Osiris-Horus). In kotextueller, textinterner Hinsicht treten hingegen Ammunenschi, Tjekerba^{c}al oder der Seth des literarischen "Streites" als absolut gleichwertig auf. Nichts unterscheidet die Aussagen, die Antworten, die Tricks des Seth von denen des Horus; nichts in seinem (genauso wenig wie in Ammunenschis) mündlichen oder praktischen Verhalten fordert beim Leser eine unmittelbare Reaktion der Ablehnung heraus. Ganz im Gegenteil: erst durch die Aufnahme in Ammunenschis Welt wird Sinuhe zum eigentlichen Ägypter, erst durch die Auseinandersetzung mit Tjekerba^{c}als schroffer "Realpolitik" gelingt Wenamun die erfolgreiche Vollendung seines Auftrags; und erst durch das von Seth angekündigte Einverständnis kann das Urteil endlich gefällt werden:

"Und Atum fragte ihn: 'Warum hast du nicht zugelassen, daß zwischen euch beiden gerichtet wird (*wḏc*), da du doch das Amt des Horus an dich gerissen hast?' Dann antwortete Seth: 'In Ordnung, mein guter Herr; laß Horus, den Sohn von Isis rufen und ihm das Amt seines Vaters Osiris übergeben'."[30]

26 Insbesondere SPIEGEL, *Erzählung vom Streite des Horus und Seth.*

27 Dazu jetzt ausfühlich ASSMANN, *Theologie und Frömmigkeit*, 168-170.

28 Vgl. §§ 14 und 16 oben.

29 Vgl. Zusammenfassung und bibliographische Angaben bei GRIFFITHS, in: *LÄ* VI, 1140-1142.

30 pChester Beatty I 15,12-16,1.

Zum Schluß bekommt auch Seth seine Abfindung, die sicher keine geringe und der des Horus im Grunde "symmetrisch"[31] ist; Horus soll seine Herrschaft auf Erden, Seth im Himmel ausüben:

"Dann sagte Pre-Harachte: 'Möge Seth, der Sohn von Nut, zu mir gebracht werden; möge er hier mit mir als mein Kind sitzen und im Himmel schreien und gefürchtet werden'."[32]

Im "Streit " findet also keine absolute Sanktion, sondern eine abstrakte Auseinandersetzung zwischen zwei potentiell gleichwertigen Hypothesen statt: die Eigenständigkeit des Seth-Auftretens in diesem Text entspricht jener "individuellen *rmṯ*-Werdung", die den mimetischen Ausländer von der topischen Charakterisierung unterscheidet. Der eigentliche Streit spielt sich nicht auf der Ebene der beiden Kontrahenten, von denen jeder allem Anschein nach von einer bestimmten Götter-"Lobby" unterstützt wird, sondern auf der Meta-Ebene abstrakter Postulate ab: ob die Überwindung einer Krisensituation (in diesem Fall: des "Leichnam"-Zustands) durch den Rekurs auf das weltbildlich vorgesehene Modell (hier: den prädestinierten rechtlichen "Erben") oder aber auf den freien Wettbewerb (das Recht des "Kraft"-volleren) erfolgen soll[33]. Die "Lysis", d.h. die Lösung des weltanschaulichen Problems, steht einer freien Entscheidung des ägyptischen Autors nicht offen, sondern ist kontextuell vorgegeben; wohl aber steht ihm in bestimmten kulturhistorischen Phasen ein literarischer Transzendierungsprozeß eines ursprünglich kontextbezogenen Stoffes offen: er kann das prä-textuelle, topisch festgelegte Resultat nicht verändern (erwartungsgemäß kehrt Sinuhe nach Ägypten, erwartungsgemäß bekommt Wenamun das Holz für die Große Amun-Barke, erwartungsgemäß wird das Urteil zugunsten des Horus gefällt); er kann aber den behandelten Stoff so gestalten, daß die Mühseligkeit des intellektuellen Weges dahin, die problematische Komponente bei der Akzeptanz dieses Weltbildes zum Vorschein treten; Verfasser und Publikum einigen sich auf das erwartete "happy end", um im vorangehenden Drama komplizenhaft an die Grenze ihres Systems zu gelangen.

(B) Hier kommt natürlich auch *die ironische Dimension* ins Spiel. Als der Wettbewerb für Seth endgültig verloren zu sein scheint, beschwört dieser seine Verwandtschaftsverhältnisse als Rettungsmittel herauf:

31 Auch Sinuhes Karriere in Asien war dem innerhalb des ägyptischen Weltbildes vorgesehenen *cursus honorum* "symmetrisch" gewesen! Vgl. Kap. 5 oben.

32 pChester Beatty I 16,3-4.

33 Vgl. die Pole des Dreiecks im § 22 oben bzw. ASSMANN, *Theologie und Frömmigkeit*, 168.

"Dann schrie Seth zu ihr (= Isis): 'Liebst du etwa den Fremden (*p3 zj ḏrḏr*) mehr als deinen mütterlichen Verwandten Seth?'"[34]

Er, der Ausländer *per definitionem*[35], beschuldigt seinen Mitbewerber, das gleiche negative Merkmal aufzuweisen. Die Ähnlichkeit dieser rhetorischen Erfindung mit Sinuhes Erfahrung ist augenfällig: als Ägypter war er der Fremde geworden (man denke an die Reaktion der Königskinder), und symmetrisch dazu hatte der Ausländerfürst einen fiktiven Ägyptisierungsprozeß durchgemacht[36]. In diesem Text sind Horus und Seth die Hauptakteure der "Verfremdung" geworden: wer ist *ḏrḏr*? Die prätextuell, d.h. im Rahmen des religiösen Weltbildes dem Ausland zugewiesene Gottheit, oder aber der legitime Erbe, der hinzugekommene Eindringling, der nicht mal der ursprünglichen Neunheit angehört[37]? Die Antwort des ramessidischen Literaten scheint implizit der zweiten Option den Vorzug zu geben, hat doch Seth mit seiner Beschwörung zunächst Erfolg. Dem Autor geht es natürlich nicht konkret um die Theologie von Horus und Seth (die unveränderlich ist), sondern abstrakt um die literarische Infragestellung bestehender Ideologoumena: durch seine Suche nach einer ironischen Komplizität mit dem Publikum - das wohl ähnlichen kulturellen Instanzen unterlag -, durch seine mimetische Umkehrung weltanschaulicher Topoi gestaltet er "Literatur" in ausgesprochen modernem Sinne, indem er durch seinen individuellen künstlerischen Akt die Paradigmen der eigenen Sinnwelt untersucht.

(C) *Die Eingliederung eines topischen Endes.* Das auffälligste Element, das den "Streit des Horus und Seth" in die Nähe der literarischen Texte mit mimetischer Auseinandersetzung mit den Größen "Ausland" bzw. "Ausländer" rückt, ist jedoch formaler Natur:

34 pChester Beatty I 9,6.

35 Selbst in dieser Erzählung! S. etwa die Worte von Isis 6,8 ff.: "Was mich betrifft, war ich die Frau eines Hirten, und ich gebar ihm einen Sohn; danach starb mein Mann, und der Junge übernahm das Vieh (= das Amt: die zwei Wörter sind gleichlautend) seines Vaters. Aber dann kam ein fremder Mann (*w^{c} rmṯ ḏrḏr*) und setzte sich in meinen Stall..."

36 Vgl. §§ 16-17 oben.

37 Auch ein schon erwähntes Charakteristikum der "Erzählung von Wahrheit und Lüge" darf in dieser Perspektive ausgedeutet werden: der Sohn von Wahrheit, welcher metaphorisch dem Horus gleichzusetzen wäre, trägt keinen Eigennamen. Im Licht des in den vorigen Kapiteln präsentierten hermeneutischen Musters bedeutet dieses Merkmal, daß die betreffende Figur nie vollständig "menschlich" wird, sondern an der Peripherie des mimetischen Prozesses bleibt. In beiden Fällen ist die bewußte Einsetzung weltbildlich polemischer fiktionaler Merkmale m.E. unübersehbar.

"Horus ist als Herrscher aufgestanden,
die Neunheit ist in Fest, der Himmel in Freude;
sie nehmen Kränze, wenn sie Horus, den Sohn von Isis sehen,
als Ägyptens großer Herrscher aufgestanden!
Die Herzen der Neunheit sind froh, die ganze Welt jubelt,
wenn sie Horus, den Sohn von Isis sehen,
wie er das Amt seines Vaters Osiris, des Herrn von Busiris, übernommen hat!"[38]

So endet der Text: der Kreis hat sich erwartungsgemäß noch einmal geschlossen. Die Hymne ist rein topischen Charakters, ja auch sprachlich, durch ein etwas archaisierendes Neuägyptisch, von der eigentlichen Erzählung getrennt. Demselben Verfahren, wonach die topische Erwartung in poetischen Passagen auch formal isoliert und von der mimetischen Erfahrung abgesondert wird, waren wir auch in der Sinuhe-Erzählung begegnet. Man erinnert sich: Sinuhe spricht in den mimetischen Passagen ausschließlich vom *sḫr nṯr*, wird aber in den Hymnen oder in den Briefen plötzlich konstellativ; er fühlt sich während der Erzählung wohl bei Ammunenschi, kündigt jedoch in seinem Enkomion die Nemesis des Königs an; er besinnt sich in der Danksagung nach dem Zweikampf auf ein ägyptisches Grab, läßt aber seine Kinder im beduinischen Ausland; und man könnte die Liste fortsetzen. So stellt auch die Hymne in pChester Beatty I die topische Reaktion auf die subtile Mimesis der Erzählungsteile dar. Jetzt ist die Neunheit in Fest und Jubel, wo sie doch im gesamten Textverlauf ständig zwischen den *rḥ.wj* geschwankt hatte; jetzt ist Horus der unbestrittene Herrscher, wo doch der Leitmotiv der Narrativik eben die Problematizität einer klaren Entscheidung gewesen war; jetzt ist Horus der Sohn von Isis, obwohl in der oben diskutierten Passage Seth die Rolle deren rechtmäßigen Verwandten beansprucht und Horus als den Fremden dargestellt hatte. Die Welt ist wieder in Ordnung, aber die Intervention der Mimesis war schon mit der narrativen Urteilsverkündung zu Ende gegangen[39]. Der Verfasser hat den kontextuellen Topos aufs Neue inthronisiert. Aber für wen?

§ 24 Es wäre also unangebracht, die in den ramessidischen literarischen Texten feststellbare "Rehabilitierung" von Seth nur unter dem kontextuellen, "ideationalen" Gesichtspunkt zu untersuchen. Natürlich spiegelt sich im "Streit des Horus und Seth" oder in der "Erzählung von Wahrheit und Lüge" auch eine Entwicklung in der religionshistorischen und -politischen Einstellung zu dieser Gottheit wider; natürlich

38 pChester Beatty I 16,6-8.
39 Vgl. § 19 oben zum ähnlichen topischen Charakter der Lysis in der Sinuhe-Erzählung.

wäre eine solche Präsentation kurz nach dem Hyksoskrieg oder gar in der Zeit der Perserherrschaft kaum zu erwarten gewesen. Wichtig ist jedoch, daß letztere, im Gegensatz zur XII. Dynastie oder zur Ramessidenzeit, generell keine Epochen literarischer Mimesis sind; wichtig sind m.E. die "textuellen"[40], direkt mit der Natur des literarischen Diskurses zusammenhängenden Faktoren dieses merkwürdigen Auftretens; wichtig ist die nur im Zeitgeist bestimmter Phasen der ägyptischen Kulturgeschichte sich ergebende Möglichkeit einer "mimetischen" Auseinandersetzung mit den fundamentalen Postulaten der ägyptischen Sinnwelt[41].

Im "Streit" geht es nicht so sehr um die zwei Mitbewerber *stricto sensu*, sondern um den *rmṯ* bzw. um die Werte, die dessen Dasein bestimmen und ausmachen: der Ausländerfürst Ammunenschi, der Levantiner Tjekerba^{c}al, der a-soziale Seth sind im Grunde metaphorische Ikone des topisch Anderen, die als kritische Prüfsteine der Authentizität ägyptischer Denkmodelle durch das mimetische Verfahren in die "geordnete Welt" wiedereingegliedert und ihrer potentiellen Gefährlichkeit enthoben werden. Ammunenschi ist ein potentieller Sinuhe, Tjekerba^{c}al ein enttäuschter Wenamun, Seth ein gleichwertiger Horus. - Jenseits der statischen Gewißheit der ideologischen Modelle, zu denen sich der ägyptische Literat[42] der XII. oder der XX. Dynastie letztendlich bekennt, hatte er der Nachwelt sein Bewußtsein hinterlassen, daß alles doch ungewiß ist.

40 Zur Opposition zwischen "ideationaler" und "textueller" Funktion in der Sprache vgl. HALLIDAY, 141-144.

41 Es ist auch gewiß kein Zufall, wenn die literarische Verwendung der homosexuellen Episode gerade in den zwei erwähnten Epochen erfolgt: das Kahun-Fragment aus dem MR (s. GRIFFITH, *Hieratic Papyri from Kahun and Gurob*, Pl.3, VI, 12, 28 ff.) bzw. die einschlägigen Passagen im "Streit des Horus und Seth". Das "erotische Spiel" zwischen den *rḥ.wj* ist im Grunde das Spiel des Bewußt-Werdens, des Er-kennens (vgl den Gebrauch von *rḫ*!) der Komplexität menschlichen und soziokulturellen Daseins. Am Ende des Erkenntnisprozesses müssen natürlich die Hoden des Seth entkräftet (vgl. *Pyr.* 1463), d.h. die revolutionäre Gefährlichkeit des "Eros" neutralisiert werden (vgl. den topischen Erzählungsschluß, u.s.w.). Zu dieser Episode s. GRIFFITHS, *Conflict of Horus and Seth*, 41-46; te VELDE, *Seth, God of Confusion*, 32-59; kürzlich WESTENDORF, *GM* 97 (1987), 71 ff.

42 Der Literat maßt sich an, sozusagen ein "Thoth" zu sein, der im komplizierten Verhältnis zwischen beiden Polen der Dichotomie (Ägypten vs. Ausland, Horus vs. Seth, Topos vs. Mimesis) die Trennungslinie zieht: *CT* VII 346 "Ich bin derjenige, der die Überschwemmung festlegt, der die beiden Kontrahenten trennt", sagt Thoth; wie Thoth - und wie Seth - beweint er nicht den verstorbenen Osiris: *Pyr.* 163 d "Deine zwei Brüder, die dich nicht zu beweinen wissen".

8 Zwischen privater Historie und sozialer Geschichte

He little knows of England
who only England knows.

R.KIPLING

§ 25 Im Vorangehenden habe ich einige Aspekte einer Phänomenologie der Entfaltung des literarischen Diskurses in Ägypten diskutiert, wobei der "Topos", d.h. die literarische Transzendierung *m3ᶜ.t*-haltiger Erwägungen, als zeitlose Konstante der ägyptischen Auslands- bzw. Ausländerpräsentation anzusehen ist, während die "Mimesis", d.h. die individuelle, fiktionale Gestaltung menschlichen Daseins aufgrund einer autonom;eren Auseinandersetzung des Verfassers mit dem Persönlichkeitsbegriff[1], lediglich bestimmte Momente der Literaturgeschichte Ägyptens kennzeichnet[2]. In diesem letzten Kapitel soll versucht werden, die kulturhistorischen Begleiterscheinungen der Anfänge des mimetischen Diskurses zu präzisieren.

1 Vgl. ASSMANN, in: *LÄ* IV, 963-978. Der Persönlichkeitsbegriff wird hier im Sinne von Assmanns "Personalität" verstanden, d.h. die grundlegende Verhaltensform des Individuums zu sich selbst, während die "Persönlichkeit" im engeren Sinne erst in der vom Individuum der Nachwelt überlieferten Selbstdarstellung - s. die autobiographische Grabinschrift - expliziert wird. Vgl. § 26 unten.

2 Der mimetische Pol der ägyptischen Literaturgeschichte weist interessante Berührungspunkte mit der "expliziten Theologie" des Assmannschen Modells auf: so wie der Topos, ist auch Ägyptens dreidimensionale "implizite Theologie" gewissermaßen zeitlos, oder besser zeitunabhängig, während der explizite Pol der Dichotomie, parallel zur literarischen Mimesis, sich "historisierbarer" zeigt; er läßt sich besser in eine identifizierbare historische Dialektik einbinden und scheint von einheitlichen geschichtlichen Entwicklungslinien regiert zu sein. Vgl. ASSMANN, *Theologie und Frömmigkeit*, 195. Die repräsentativste topische Gattung, nämlich die Weisheitsliteratur, bietet einen eindeutigen Beweis für diese "Zeitunabhängigkeit": Sprüche und Zitate aus älteren Lehren bleiben bin hin zu demotischer oder koptischer Zeit eine paradigmatische Konstante der ägyptischen Erziehung; s. insbesondere BERGMAN, 78 ff. Der von ihm ausführlich diskutierte namentliche Bezug auf den Autor eines Weisheitstextes ist in meiner Optik nicht notwendigerweise zu emphatisieren: es handelt sich um ein pseudoepigraphisches Phänomen , in dem m.E. der Verfasser der Lehre als "klassizistisches" (vgl. oben § 7) Symbol und nicht als explizierendes Moment individueller Personalität anzusehen ist.

Den Grund für die höhere Relevanz, die ich durch die Koppelung mit einer Gesamtbetrachtung dem Auftreten der Mimesis gegenüber dem des Topos eingestehe, sehe ich darin, daß erstere innerhalb der ägyptischen Literatur eindeutig den ungewöhnlicheren, markierten Pol darstellt: die topischen Texte, da sie mit dem "äußeren Kommunikationssystem" der ägyptischen Gesellschaft[3] in unmittelbarer Verbindung zu stehen scheinen, sind sozusagen "makroägyptisch". Mit anderen Worten: in ihnen verdichtet sich literarisch das Ensemble der gesellschaftlichen Erwartung, so daß auch diejenigen Motive, die auf den Ansporn individueller Bewußtwerdung zurückgehen, in den topischen Texten explizit im Sinne einer gesamtkulturellen "Textthematik"[4] dargestellt werden. Man denke z.B. an das subtile Geflecht aus politischer Prophezeiung und persönlicher Not in der Literatur der "Klagen" im frühen Mittleren Reich[5]: die private Bedrängnis wird in die angebliche politische Krise eingebunden, die Not des einzelnen Herzens als metonymisches Paradigma für das Drama der institutionellen Realität präsentiert; das Individuum ist ein *Fragment*[6] der ihm übergeordneten staatlichen Dimension. - Ganz anders verhält es sich in den mimetischen Texten: sie sind "mikroägyptisch", erzählen nicht das politische Werden im Spiegel des Individuums, sondern den individuellen Überprüfungsprozeß allgemeingültiger Ideologoumena; dort ist *m3ᶜ.t* nicht prätextuell vorgegeben, sondern intratextuell gesucht; das Individuum ist ein *Detail*[7] seiner Gesellschaft, in ihm manifestiert sich *in nuce* ihr gesamtes intellektuelles Leben. Dabei darf man die legitime

3 Vgl. BROICH, 31-47.

4 Vgl. WEINRICH, *Sprache in Texten*, 145-162.

5 S. grundlegend JUNGE, in: ASSMANN - FEUCHT - GRIESHAMMER, *Gedenkschrift Otto*, 275 ff. Der in der Literatur der Klagen präsentierte, beklagenswerte Zustand ist m.E. als Topos mit "freiem" Bezug umfunktionierbar: einmal bezieht er sich auf das Land (Admonitions, Neferti), einmal auf das Individuum (Chacheperreseneb, Lebensmüder), wobei die Grenze zwischen beiden Dimensionen absichtlich fließend gehalten wird: das literarische Motiv ("Klage") ist einheitlich, individuelle und soziale Spannung sind austauschbar. Vgl. auch ASSMANN, in: HELLHOLM, *Apocalypticism in the Mediterranean World*, bes. 349 zum fiktionalen Charakter der "Admonitions" und im allgemeinen der Chaosbeschreibungen, die durchaus auf einem Wirklichkeitsbezug beruhen, die aber literarisch ein "Modell der ideologisch gefilterten Realität" repräsentieren.

6 Vgl. CALABRESE, 73-95.

7 *Ebd.* Sinuhe ist keine Metonymie einer literarisch vermittelten Krise von Ägyptens politischer Struktur, sondern stellt selber den intellektuellen Krisen- und Fortschrittsfaktor dar; anders ausgedrückt: Neferti sucht das offene Einverständnis des Lesers, indem er die Frage der Autonomie des Individuums *sub specie* einer fiktionalisierten (vergangenen!) Krise kaschiert und sich einer literarischen Version des etablierten zeitlosen Musters der "Wiedereinsetzung von *m3ᶜ.t*" bedient; Sinuhe wirft hingegen in verborgener Komplizität mit dem Leser Fragen über die (aktuelle!) Realität auf, bewegt sich also "an den Grenzen des Systems".

Frage stellen, welche kulturellen Merkmale das Aufkommen der mimetischen Fiktion in der XII. Dynastie (so wie deren Fortsetzung in der Anfangs- bzw. Endphase der Ramessidenzeit, was aber außerhalb der Perspektive dieser Studie liegt) begleitet haben.

§ 26 Beginnen wir mit einigen allgemeinen Überlegungen zur Gesellschaft des frühen Mittleren Reiches[8]. Die zeitlichen Grenzen dieser primär kulturhistorisch definierbaren Phase lassen sich nicht ohne weiteres festlegen[9]; ich beziehe mich hier generell auf die Zeit zwischen der VII. und dem Anfang der XII. Dynastie, in der m.E. die Vorbereitung des "politischen" Mittleren Reiches vom Heraufkommen eines neuen intellektuellen Zeitgeistes begleitet wurde. In der Literatur der ersten zwei Jahrhunderte des II. Jahrtausends, die mit Sicherheit auf die intellektuellen und politischen Anstöße dieser Zeit zurückgeht[10], finden sich etliche Hinweise auf die Anschauungen, die der Verfasser und das Publikum dieser Texte geteilt haben müssen. Das Grundproblem der Trägerschicht der Anfänge der ägyptischen Literatur (im engeren Sinne[11]) scheint mir die Frage ihrer "Abgrenzung" gewesen zu sein; ein Phänomen, das ich an dessen zwei augenfälligen Komponenten exemplarisch erläutern möchte: (A) das ethisch-soziale; (B) das theologische Moment.

(A) Das allgemeine Weltbild dieser Literatur würde ich im Konzept des *šms-jb*, "seinem-Herzen-folgen" zusammenfassen[12]. Dieser Begriff impliziert natürlich nicht

8 Für die historischen Rahmenbedingungen vgl. TRIGGER - KEMP - O'CONNOR - LLOYD, 96-116, 174-182; HELCK, *Geschichte*, 93-103.

9 Zu diesem Problembereich s. jetzt grundlegend GESTERMANN, *Kontinuität und Wandel*; für eine zusammenfassende Darstellung und ausführliche Bibliographie s. MARTIN-PARDEY, in: *LÄ* VI, 1437-1442.

10 Realweltliche Ereignisse brauchen in der Regel eine gewisse Zeit, um zu literarischen Topoi transzendiert zu werden: man denke etwa an das homerische Epos, etliche Jahrhunderte jünger als der trojanische Krieg, oder an die Entwicklung der mittelalterlichen Topik aus den rhetorischen Figuren der Antike. Zum allgemeinen vgl. SCHULTE-SASSE - WERNER, §§ 13.3 ff.

11 Vgl. §§ 6-7 oben.

12 Paradigmatische Aussage: Ptahhotep 186-188 *šms jb=k tr n(j) wnn=k m jrj(.w) ḥ3.w ḥr md.wt m ḫbj(.w) tr n(j) šms-jb* "Folge deinem Herzen solange du lebst; mache nicht mehr als das, was gesagt wird und vermindere nicht die Zeit des 'dem-Herzen-Folgen'." Vgl. auch ähnliche semantische Konstrukte etwa im "Fürstenspiegel für Merikare" (diese glückliche Definition stammt von meinem Freund und Kollegen Frank Kammerzell), z.B. 79-81 (vgl. BURKARD, 258-259) *m=k nzw nbw 3w.t-jb sfn3 jrj=k qd=k m ḫpš=k šms jb=k m jr.t.n=j nn ḫrwj m-q3b t3š=k* "Siehe, König, Herr der Freude: ruhe dich aus, schlafe in deiner Kraft; folge deinem Herzen dank dessen, was ich getan habe, denn es gibt keinen Feind innerhalb deiner Grenzen"; im "Lebensmüden", z.B. 67-68 *sḏm r=k n=j m=k nfr sḏm n rmṯ.w šms*

eine rücksichtslose Hingabe an den ephemeren Genuß, sondern deckt sich gerade mit jener allmählichen Herauskristallisierung der persönlichen Dimension, die wir im Kap. 5 als wichtigsten Faktor in Sinuhes innerem Werdegang erkannt hatten[13]. Einem Gedanken wie "dem eigenen Herzen zu folgen" d.h. im Grunde die Vorteile der freien Gestaltung des eigenen Lebens wahrzunehmen, gehen notwendigerweise die Identifizierung und die Rechtfertigung nicht nur sozialer, sondern auch ethischer und intellektueller Unterschiede innerhalb der ägyptischen Gesellschaft voraus: man denke insbesondere an bestimmte Aussagen im Ptahhotep-Text, der Summe der zeitgenössischen Ethik:

"Werde nicht anmaßend wegen deiner Kultur:
laß dich gleichermaßen vom Ignoranten und vom Wissenden belehren.
Die Grenzen der Kunst können nicht erreicht werden:
es gibt keinen Künstler, dessen Kompetenz vollkommen ist.
Die gute Rede ist verborgener als der Malachit:
sie kann auch bei Frauen am Mahlstein gefunden werden."[14]

Von einem semiologischen (und psychologischen) Standpunkt her ist bekanntlich gerade die explizite Verneinung der Relevanz bestimmter Merkmale ein evidentes Symptom deren aufkommender, aber ungern zugestandener Bedeutung[15]. So erscheint uns auch das literarische Auftreten eines "beredten Bauern" im Licht des hier untersuchten Zeitgeistes im frühen Mittleren Reich einleuchtend: wie der "bon sauvage" der europäischen Aufklärung wird er erst in einer Zeit weltanschaulich verständlich, da eine sich nach oben *und* nach unten klar abgrenzende Schicht (die der *srjw*, die "hohe Bourgeoisie"[16]) zum kulturellen und politischen Motor der Geschichte wird. Ptahhotep ermahnt seinen fiktiven Sohn zu einer vorurteilsfreien

hrww nfr smḫ mḥ "Höre auf mich: es ist gut für die Menschen zu hören; folge dem guten Tag und vergiß die Sorge", wo der Ausdruck *šms hrww nfr* wahrscheinlich zwischen dem intellektuellen Moment des *šms-jb* und dem "epikureischeren" *jrj hrww nfr* der Harfnerlieder - wo beide Formulierungen paradigmatisiert werden - anzusiedeln ist. Zur diesbezüglichen ethischen Problematik (*šms-jb* vs. *jrj hrww nfr*) s. ASSMANN, in: ASSMANN - FEUCHT - GRIESHAMMER, *Gedenkschrift Otto*, bes. 71 ff. in Auseinandersetzung mit LORTON, *JARCE* 7 (1968), 41-54; 12 (1975), 23-31.

13 In diesem Sinne vgl. auch ASSMANN, in: *LÄ* IV, 966-967.

14 Ptahhotep 52-59.

15 Vgl. einige schöne Beispiele und die betreffende Diskussion in KRISTEVA, Σημειωτική, 185-216 ("Poésie et négativité").

16 Vgl. POSENER, *Littérature et politique*, 3-5; zur Semantik des Wortes *srjw* s. WARD, *Egyptian Administrative and Religious Titles*, 153. *Srjw* ist die typische Bezeichnung eines sozialen Ranges, nicht eines beruflichen Amtes; zur Formalisierung solcher Oppositionen s. sehr einleuchtend FRANKE, *GM* 83 (1984), 106 ff.

Suche nach der "schönen Rede", weil sein Autor weiß, daß sein Publikum, d.h. das "aufgeklärte Bürgertum" des frühen Mittleren Reiches, sich mit dem Problem der "Grenzen der Kunst" bzw. "der Weisheit"[17] - und des Zugangs zu ihnen![18] - eingehend beschäftigt; der beredte Bauer ist das Produkt des sozialen Weltbilds des Vorstehers Rensi-Sohn-des-Meru; eigentlich ist nicht Chuienanup derjenige, der dem Vorsteher die "schöne Rede" hält, sondern letzterer seiner eigenen soziokulturellen Schicht - genauso wie Montesquieus "Lettres persanes" nicht als exotische Beschreibungen westlichen Sachverhaltes, sondern als innerabendländische Verifizierungsmomente eigener Lebensformen gemeint waren.

Das Aufkommen dieses Ich- (bzw. Wir-) Bewußtseins in den literarischen Texten manifestiert sich also in der Hervorhebung der individuellen Leistung (d.h. einen *rn* zu haben[19]) bzw. der sozialen Einbindung in eine passende gesellschaftliche Schicht (d.h. *jqr* zu sein); der persönliche Verdienst bei der Überwindung ungünstiger Voraussetzungen wird zur beständigen Komponente der gesamten Literatur dieser Zeit. In den topischen Texten - etwa Merikare oder Neferti - erfolgt eine solche Emphatisierung auf der allgemeingültigen, "makroägyptischen" Ebene der Überwindung der politischen "Wirren" der Ersten Zwischenzeit (einer der wichtigsten ideologischen Gründe, weshalb diese Literatur global in die XII. Dynastie zu datieren sein dürfte[20]), während in den mimetischen Darstellungen - etwa Sinuhe -

17 Vgl. Sin. B 126-127: "Weiß etwa Gott nicht, was er bestimmt hat, und gibt es etwa einen Menschen, der weiß, was passieren wird?"

18 Auch in der epistemologischen Frage nach der Herkunft des Wissens kann man in dieser Zeit eine "topische" von einer "mimetischen" Antwort auseinanderhalten: erstere finden wir erwartungsgemäß etwa in der Titulatur, die die biographische Inschrift Sarenputs I. begleitet: *Urk.* VII 6, 6-7 "Ein Ptah-Gleicher, Setzwaage des Thoth, der schon als Wissender geboren wurde; ein Erfahrener, der den Gott zum Guten führt"; die mimetische Auffassung bietet uns Ptahhotep 41: "Niemand wird als Wissender geboren"; die Weisheit ist also das Produkt eigenen Werdens. Vgl. OCKINGA, *Gottebenbildlichkeit*, 63, 84. Die "Mimesis", die "Realitätsbezogenheit" muß also als ein - diachronisch aufgegliedertes - Kontinuum angesehen werden: literarische Texte, da sie veröffentlichungs- und nicht verewigungsorientiert sind, weisen generell einen höheren Anteil an mimetischen Merkmalen als nicht-literarische Texte auf; innerhalb des Spektrums der Literatur im engeren Sinne gilt dann die vorgeschlagene Klimax, nach der die Erzählliteratur (gegenüber anderen Literaturgattungen) den mimetisch markiertesten Pol darstellt.

19 Vgl. § 6 oben; dieser Sachverhalt in der Literatur des Mittleren Reiches wurde schon vor fünfzehn Jahren anhand der "Prophezeiung des Neferti" erkannt und in der Formel "Intelligenz als Karriere" auf elegante Weise zusammengefaßt: DERCHAIN, *GM* 3 (1972), 9 ff.

20 Vgl. in diesem Sinne die Ergebnisse eines gemeinsamen Seminars von Tübinger und Göttinger Ägyptologen (Oberjoch, Juli 1987), von dessen an- und aufregender Atmosphäre ich viel profitiert habe.

die Aufmerksamkeit des Lesers auf die Relevanz individueller, "mikroägyptischer" Historie gelenkt wird.

In diesem Prozeß der Herauskristallisierung individueller Werte[21] in Ägypten sind also die soziale, die ethische und die intellektuelle Instanz eng verbunden: der *jqr* ist gleichzeitig auch der *rḫ*, der - wie Ptahhotep suggeriert - nicht stolz auf sein Wissen sein darf bzw. der - wie Merikare lehrt - die kulturelle Bedeutung der "Bücher" erkannt hat[22]; und er ist toposgemäß auch derjenige, der Brot dem Hungrigen gewährt und *m3*^{c}*.t* einsetzt - woran der beredte Bauer den Vorsteher (d.h. der Vorsteher sich selbst) erinnert. Zwei uns erhaltene zeitgenössische Sprichwörter verdeutlichen diese Verflechtung von ethisch-intellektuellem und sozialem Abgrenzungsbedürfnis: "Die Rede eines Menschen ist imstande, ihn zu retten"[23] bzw. "Der Name eines Armen wird nur in Bezug auf dessen Herrn erörtert"[24]. Abgrenzung des Erfolgreichen nach oben (gegenüber dem König) und nach unten (gegenüber dem Armen[25]), Festlegung der Relevanz seiner ethischen (*gr*, *m3*^{c}[26]) und intellektuellen Überlegenheit (*rḫ*, *šms-jb*) sind m.E. die charakteristischen Merkmale dieses Zeitgeistes. - Die Emphatisierung der Leistung impliziert jedoch gleichzeitig auch eine Auseinandersetzung mit der aus der hervorragenden Leistung resultierenden Vereinsamung des Individuums; so wird man das Auftreten einer Literatur des *ḥḥj n(j) jb*, der "intellektuellen Suche" - etwa Chacheperreseneb, Lebensmüder - weltanschaulich einordnen können, denn "jetzt ist das Herz eines Menschen auf sich

21 Im Rahmen dieser Hervorhebung der privaten Sphäre dürfen wir vielleicht auch die häufiger gewordenen Erwähnungen der familiären Dimension verstehen: vgl. Ptahhotep 325 ff., *passim*.

22 Merikare 35-36 (vgl. BURKARD, 154) *zn r jtj.w=k [tp]j.w-*^{c}*=k b3k.tw [. . .] m rḫ m=k md.wt=sn mn(.w) m zẖ3.w pg3 šdj=k zn=k r rḫ.w ḫpr ḥmww m sb3.y* "Ahme deine Väter, deine Vorfahren nach: man arbeitet [. . .] als Wissender; siehe, ihre Worte sind in Büchern festgehalten: schlage sie auf, lies sie und paß dich ihrer Weisheit an, denn der Kundige kann zum Meister werden."

23 Schiffbr. 17-18 *jw r? n(j) zj nḥm=f sw.*

24 Bauer B 1, 20 *dm.tw rn n(j) ḥwrw ḥr nbw=f.*

25 S. z.B. die Antithese *jqr* vs. *ẖzj* (bzw. *šw3*) in Ptahhotep 175: "Wenn du ein *ẖzj* bist, folge einem *jqr*" oder den gesamten zweiten Teil des "Enseignement loyaliste" (§§ 10 ff.: POSENER, *L'enseignement loyaliste*, 38 ff.), in dem der Autor auf die Beziehungen des Adressaten der Lehre zur Arbeiterschicht ausführlich eingeht.

26 S. z.B. Ens. Loy. § 12 (POSENER, *L'enseignement loyaliste*, 43-46):
wrj šfy.t n(j).t nbw ḫrt ^{c}*š3 ḫrw jzf.t ḥr jb*
"Groß ist das Ansehen desjenigen, der sich beherrschen kann;
wer viel redet, der begeht ein Verbrechen."
Zum Ausdruck *gr* s. insbesondere ASSMANN, in: HORNUNG - KEEL, 23-24; in späteren Weisheitstexten (Amenemope) wird der "Fromme" als *gr m3*^{c} bezeichnet: vgl. GRUMACH, *Untersuchungen*, 44-48. Zur Beziehung zwischen klassischen Weisheitstexten und späterer persönlicher Frömmigkeit s. auch (B) in diesem Paragraph.

selbst konzentriert"[27]. Das Herz ist der spezifische Ort dieses Paradigmenwechsels[28], denn "ein starkes Herz in der Zeit der Not ist wie ein Genosse für seinen Herrn", auf dem er sich "verlassen kann"[29], sein privilegierter Gesprächspartner:

"Ich spreche mit dir, mein Herz, damit du mir antwortest. Ein angesprochenes Herz soll nicht schweigen! Siehe, die Lage des Dieners ist wie die des Herrn: vieles lastet auf dir!"[30]

Die Mimesis der Erzählliteratur bietet dem Leser ein veranschaulichendes, konkretes Exempel der Grundlagen der *šms-jb*-Kultur: die verschiedenen, zum Teil widersprüchlichen Komponenten des neuen Weltbildes verdichten sich ikonisch in Sinuhes Geschichte[31]. Parallel zu Ammunenschis fiktionalem "Menschwerdungsverfahren" unterzieht sich Sinuhe selbst einem vergleichbaren Prozeß der Identitätsbildung, indem er seine soziale Funktion und zugleich seine persönliche Selbstachtung erst durch die Erfahrung mit der Größe "Ausland" zurückerobert. Als Ammunenschi ihn empfängt, ist er in jeder Hinsicht ein schwacher Mensch, dessen sowohl politische als auch private Sinnwelt zusammengebrochen ist. Die Darstellung seiner globalen Angstsituation (Angst vor den Begleiterscheinungen und von den Folgen seiner Flucht) steht in evidentem Gegensatz zum Mut, den er am Ende seines

27 Neferti 42 *jb n(j) zj m-s3=f ḏs=f.* Der topisch orientierte Neferti muß natürlich den in diesem Satz dargestellten Zustand bedauern, für seine Leser (und für uns) ist aber seine Aussage als Signal eines neuen kulturellen Paradigmas interpretierbar. Die zeitgenössische Kultur wies immer mehr in "mikroägyptische" Richtung hin; mochte diese kulturelle Sachlage dem etablierten weltbildlichen Topos zuwiderlaufen, so blieb sie trotzdem das Element, das der Entwicklung einer (insbesondere "mimetischen") Ich-bezogenen Literatur zugrunde lag.

28 Interessanterweise spielt das Herz eine bedeutende Rolle auch in der Ausformung einer Mimesis, einer "dargestellten Wirklichkeit" in der europäischen Literatur: auch der homerische Held (vgl. AUERBACH, Kap.1: "Die Narbe des Odysseus"), wie der *rḫ* in der Literatur des Mittleren Reiches, "spricht in seinem eigenen Herzen"; auch Odysseus, wie Sinuhe, braucht die Katharsis einer langen Reise in unbekannten Gegenden, um seinem Schicksal (d.h. sich selbst, den Bedingungen seines menschlichen Daseins) gerecht zu werden.

29 Vgl. Chacheperreseneb rto 13-14: *jr jb qn m s.t qsn.t sn-nw pw n nbw=f ḥ3 n=j jb m rḫ wḫdw k3 jry=j sḥnj ḥr=f.*

30 *Ebd.*, vso 5-6: *ḏd=j n=k jb=j wšb=k n=j nj gr.n jb pḥ m=k ẖr.t b3k mj nbw ʿš3.wt wdn(.w) ḥr=k.* Zu diesem Text s. OCKINGA, *JEA* 69 (1983), 92 ff. Zum Verhältnis zwischen "Herz" und "Ba" s. Sektion (B) unten.

31 S. LÜBBE, 277-282. Die Verdichtung des Identitätsbegriffs läßt sich nach Lübbes Meinung nur über die Geschichte des jeweiligen Subjektes vergegenwärtigen; so ist Sinuhes wiedergewonnene Einbettung in die ägyptische Welt (s. jetzt WESTENDORF, *WdO* 17 (1986), 5 ff.) ein Modell der eigenen Identitätsgewinnung und - metonymisch - ein Schema des paradigmatischen Werdegangs des "Wissenden", der auch die Grenzen der eigenen Erkenntnisfähigkeit kennt.

Aufenthalts beim Beduinenfürsten aufbringt, etwa im Zweikampf gegen den Helden von Retjenu[32] oder in seinem Brief an den König, in dem er sich trotz aller Vorsicht zu seinem Schritt bekennt. Der Ausländer Ammunenschi wird für Sinuhe zu einem *rmṯ*, dank des Aufenthalts bei ihm wird Sinuhe selber (erneut) zum Menschen.

Wie in der westlichen Kultur[33] bringt auch in Ägypten die Literatur der Mimesis die Anzeichen einer weltbildlichen Revolution zum Ausdruck: die ethische und die intellektuelle Dimension werden zum zentralen Faktor der ägyptischen Kulturgeschichte, die "Du-Einstellung" zum eigenen Ich (bzw. die "Wir-Einstellung" zur eigenen sozialen Schicht) finden ihren Ausdruck in der Entwicklung des literarischen Moments. Und auf einer anderen Ebene: Aus der extensionalen Sozialität des "Ka" hebt sich auch für den privaten Ägypter die intensionale Individualität des "Ba" ab.

(B) Damit sind wir beim theologischen Aspekt unserer Rekonstitution des Zeitgeistes der Trägerschicht der Literatur im frühen Mittleren Reich angelangt. Dieses ethisch-intellektuelle Weltbild der ersten "aufklärerischen Bourgeoisie" der Kulturgeschichte der Menschheit wird von einer originellen Auffassung der religiösen Dimension begleitet; einer Auffassung, die wir im Laufe der Religionsgeschichte Ägyptens von ihren Anfängen im Mittleren Reich bis hin zum Durchbruch der "persönlichen Frömmigkeit" in der Ramessidenzeit diachronisch verfolgen können und die sich mir jener "vierten Dimension der Gottesnähe" deckt, die kürzlich[34] eingehend untersucht worden ist.

Das Aufkommen der Ba-Theologie stellt m.E. das erste Anzeichen einer perspektivischen Änderung der religiösen Sinnwelt dar. Schon in den älteren Sargtexten belegt[35], ist sie im frühen Mittleren Reich bis zum Bereich der Literatur vorgedrungen: beim "Ba" handelt es sich um eine Form des Weiterlebens nach dem Tode, die nicht - wie der schon im Alten Reich dem Einzelnen zuteil gewordene "Ka" - von der Einbindung des Menschen in die Gemeinschaft abhängt, sondern mit

32 FECHT, in: *Festschrift Westendorf I*, bes. 482-483.

33 Vgl. die schon erwähnte Analyse von GALSTERER zur Entwicklung des römischen Romans in der Kaiserzeit und HANSEN-LÖVE, in: SCHMID-STEMPEL, bes. 303-306 zur Korrelation von Wort- und Bildkunst bzw. zum dominierenden Charakter der Wortkunst gegenüber der Bildkunst im Realismus - vgl. die kurze Diskussion um die Beziehung zwischen ägyptischer literarischer Mimesis und europäischem Realismus im § 7 oben. Auch in der ägyptischen Gesellschaft der XII. Dynastie kann die Literatur als diejenige Kunstform betrachtet werden, welche diese Epoche am besten charakterisiert bzw. diejenige, an der sich die anderen Kunstformen orientieren: vgl. auch § 16 Sektion (B) oben.

34 ASSMANN, *Theologie und Frömmigkeit*, 198-285.

35 Vgl. ŽABKAR, *A Study of the Ba Concept*, 90-114.

dessen Emanzipation als Individuum eng verbunden ist[36]. Tritt ersterer in der Weisheitsliteratur als Kontrollinstanz für die soziale Dimension ägyptischen Lebens auf[37], so appelliert letzterer an die Autonomie, an die intellektuelle "Kompetenz" des Einzelnen[38] - s. etwa den "Lebensmüden" und generell die Entstehung einer Literatur des Dialogs mit dem eigenen Ba. Dieser ist die jenseitsorientierte Verdichtung der Potentialität des Einzelnen, der sich jetzt den Tod verständlicherweise als einen "Tag des Unheils"[39] ausmalen muß: eine humanistische, anthropozentische Relativierung der vom neuen Zeitgeist allzu irenisch empfundenen Todesauffassung traditionellen Denkens. Mit der Verdichtung der individuellen Instanz aufs engste verbunden würde ich auch den Zusammenhang zwischen dieser Größe und der sexuellen Potenz sehen[40], deren Funktion im Erkenntnisprozeß schon hervorgehoben wurde[41].

"Solange dein Ba existiert, ist auch dein Herz bei dir."[42] - "Wenn mein Ba ohne Schuld auf mich hört und sein Herz mit mir einverstanden ist, wird er glücklich sein"[43]. Vom Aufkommen der Ba-Theologie bis hin zu deren höchster literarischer Transzendierung werden wir ständig auf die enge Beziehung zwischen "Ba" und

36 Vgl. ASSMANN, *Re und Amun*, 190-206 zur Beziehung zwischen (in diesem Fall göttlichem) Ba und "Einzigkeit"; ders., *Theologie und Frömmigkeit*, 215-220 zur kulturhistorischen Relevanz des Ba im Mittleren Reich; zum Ba als "Gestaltfähigkeit" (in den Pyramidentexten) s. WOLF-BRINKMANN, *Deutung des Begriffes 'b3'*, 33 ff.

37 Vgl. den Rekurs auf die Figur des Ka in einschlägigen Ptahhotep-Aussagen: etwa 119-139 in Bezug auf das Speisen mit einem Vorgesetzten; 160 zum Verbot der Verleumdung; 189 zur hemmungslosen Verwirklichung des *šms-jb* -Gebots - eine Aufforderung, deren Auftreten in diesem Kontext im Sinne meiner Perspektive jedoch nicht unproblematisch ist, denn "das Folgen des Herzens" möchte ich, wie oben expliziert, eher mit der Ba-haftigkeit des Menschen als mit dessen Ka-haftigkeit verbunden sehen; 204 zum Verhältnis zwischen Vater und Sohn - zu dessen Ka-haftigkeit s. ASSMANN, in: TELLENBACH, 46-49; 339-349 in Bezug auf die gegenseitige Hilfe, die zwischen Freunden zu leisten ist - sonst ist man ein "egoistischer Ka": eine hochinteressante Aussage, an der die soziale Verankerung des Begriffes abgelesen werden kann; schließlich die Sektion 388-414, in der das Verhältnis mit den Höhergestellten besprochen wird.

38 Zum Ba in der Weisheitsliteratur vgl. ŽABKAR, 115-123. Eine paradigmatische Aussage bietet Ptahhotep 524-525: *jn rḫ sm b3=f m smn.t nfr=f jm=f tp t3* "Nur der Wissende sorgt für seinen Ba mit dauernden Dingen, damit er auf Erden mit ihm zufrieden sein kann." Nur der *rḫ* ist imstande, die Rolle des individuellen Ba richtig einzuschätzen. Vgl. auch Merikare 63-64 *jrj zj 3ḫ.t n b3=f* "Möge ein Mann das tun, was seinem Ba nützlich ist".

39 S. *hrww qsn.t* in Lebensmüder 15 und *passim* die Aussagen des Ba zum Tod als negativem, wenn auch unumgänglichem Moment menschlichen Werdens.

40 Vgl. ŽABKAR, 101.

41 In Zusammenhang mit der Figur des Gottes Seth, s. Kap. 7 Anm. 41.

42 *CT* I 197g: *wnn wnn.t b3=k wn jb=k ḥnᶜ=k.*

43 Lebensmüder 39-41: *jr sḏm n=j b3=j jw[tj] bt3 twt jb=f ḥnᶜ=j jw=f r mᶜr.*

"Herz" aufmerksam gemacht. Dem jenseitsorientierten Moment des "Ba" entspricht im diesseitsorientierten Bereich das "Herz", dessen ethisch-intellektuelle Rolle schon in der Sektion (A) hervorgehoben wurde[44]; aber auch der religiöse Aspekt menschlichen Daseins wird durch die Zuwendung zum eigenen Herzen (*rḏj m jb*)[45] individualisiert und dadurch um eine wichtige Perspektive bereichert, die auch in die Literatur der Mimesis Aufnahme findet. So stellt z.B. das Herz für Sinuhe das Göttliche in und an seiner eigenen Person dar: Gott verdichtet sich sozusagen im menschlichen Herzen[46], und auch der Rückgriff auf das Ikon des "Traumes" (*rsw.t*), der einen weiteren Schritt auf dem Weg zur Privatisierung des persönlich Erreichbaren oder Erfahrbaren[47] darstellt, könnte als Vorstoß in jene "Grenzbereiche"[48] angesehen werden, deren komplizenhafte Andeutung ein Charakteristikum der ägyptischen literarischen Mimesis repräsentiert.

Eines der auffälligsten Merkmale der gesamten Literatur dieser Zeit ist ihr diffuser antikonstellativer Ansatz, der sich nicht nur im monotheistischen (bzw. henotheistischen) *nṯr* der Weisheitstexte[49] manifestiert, sondern auch in die Mimesis-

44 Zur Verbindung zwischen dem Herzen und der individuellen "Effizienz" im jenseitsorientierten Diskurs, wo sie als "magische Fähigkeit" ausgelegt wird, vgl. den häufigen Gebrauch von *jb* und *3ḫ.w* im Parallelismus membrorum, etwa *CT* I 336c - 338a, *passim.*

45 Vgl. die Diskussion bei ASSMANN, in: HORNUNG - KEEL, 48-49; ders., *Theologie und Frömmigkeit*, 231.

46 Vgl. sehr treffend BAINES, *JEA* 68 (1982), 41 ff. zum Parallelismus Gott/Herz in der Sinuhe-Erzählung.

47 D.h. eines jeden "Sphäre des Seinigen", um einen Assmannschen Ausdruck anzuwenden; auch die Entstehung des Orakelwesens im Mittleren Reich (ASSMANN, in: HORNUNG - KEEL, 15) und die parallele Entwicklung eines Literatur des Imaginären - s. etwa die Erzählung des Schiffbrüchigen, zuletzt KURTH, *SAK* 14 (1987), 167 ff. - dürften in diesem Licht ihre kulturgeschichtliche Relevanz gewinnen. Zum Unterschied zwischen dem "Fiktiven", einer Dimension, die den literarischen Akt des "Überschreitens" global kennzeichnet, und dem "Imaginären", das durch die Akte des Fingierens in eine besondere dialektische Beziehung zum "Realen" tritt, s. ISER, in: HENRICH - ISER, 149-150.

48 Vgl. die Diskussion um die Figur des Seth im Kap. 7 oben, eines Gottes, der auch für den Bereich des Traumes zuständig ist! S. das sog. "Traumbuch" des pChester Beatty III, rto 1-11.

49 Zu dieser Frage vgl. exemplarisch VERGOTE, in: *Les Sagesses du Proche-Orient Ancien.* Zu Recht relativiert HORNUNG, *Der Eine und die Vielen*, 39-49 (vgl. auch ders., in: KEEL, *Monotheismus*, 91) Vergotes allzu nahtlos "monotheistische" Interpretation dieses religiösen Phänomens (zum Monotheismus in der ägyptischen Religionsgeschichte im allgemeinen vgl. OTTO, *WdO* 2 (1955), 99 ff.), in dem er zum einen den Sonnengott, zum anderen den alle göttlichen Erscheinungen überdachenden Oberbegriff des Göttlich-seins, nicht jedoch das Einzige (Eine, Höchste) Wesen erkennt. Geeigneter ist deshalb die Bezeichnung dieses Ansatzes als "henotheistisch" (Hornung) oder als "antikonstellativ" (Assmann). Zum problematischen Charakter eines radikalen Gegensatzpaares "Polytheismus vs. Monotheismus", welches an sich

Texte aufgenommen wird: "Denn in seinem Handeln versöhnte sich Gott mit demjenigen, an dem er etwas auszusetzen gehabt hatte"[50] sagt Sinuhe in Bezug auf den "guten Hirten"[51] anderer literarischer Genres, welcher, wenn nicht in theologischem, zumindest in pastoralem Sinne dieselbe Entität repräsentiert. Mag dieses allgemeine Konzept den Sonnen- bzw. Schöpfergott[52] oder die jeweilige ortsansässige Gottheit implizieren[53], so beschwört es primär kein referentielles, sondern ein rein intensionales Moment herauf: die unmittelbare, individuell gekennzeichnete Beziehung zum Transzendenten.

In diesem Licht würde ich auch die Entstehung der Gattung "loyalistische Lehre" gewissermaßen als "königsorientierte Variante" der zeitgenössischen Tendenz zur Literarisierung der Unmittelbarkeit Gottes[54], als kompensierendes Moment zum Aufkommen eines individuellen, vom König aufgelösten Verständnisses des Metaphysischen im frühen Mittleren Reich ansehen. Posener[55] hat sehr treffend von "images tirées du monde des dieux" gesprochen: dadurch, daß der König in die Rolle des individuell - und nicht nur gesellschaftlich - greifbaren religiösen Referenten projiziert wird, gelingt dem ägyptischen Autor jener Prozeß der Einbindung seiner spekulativen Ansätze in die etablierte Orthodoxie, den die gesellschaftliche und politische Struktur des Mittleren Reiches explizit oder implizit von ihm verlangte; es handelt sich aber um eine korrektive Maßnahme zeitgenössischer Neuerungen, deren individuelle eher als soziale Verankerung eine potentielle Gefahr für die ägyptische Sinnwelt hätte darstellen können. Der "gute Hirte" ist in dieser Gattung der König geworden[56], dem ähnliche Eigenschaften zugewiesen werden wie dem Allherrn im

der Komplexität der ägyptischen Verhältnisse nicht gerecht wird, s. ASSMANN, in: WESTENDORF, *Aspekte der spätägyptischen Religion*, 39-40.

50 Sin. B 147-148: *ḥ̮r jr.n nṯr ḥtp n ṯzj(.w).n=f jm=f.*

51 Zur Natur und zur Funktion dieses Begriffs der "Admonitions" (*mjnw n bw-nb*) und insbesondere von Merikare s. grundlegend (und interdisziplinär) MÜLLER, *ZÄS* 86 (1961), bes. 129 ff. und ASSMANN, *Theologie und Frömmigkeit*, 201-204.

52 Vgl. z.B. HORNUNG, *Der Eine und die Vielen*, 43-44.

53 Vgl. z.B. MORENZ, *Heraufkunft*, 8.

54 Vgl. ASSMANN, in: HORNUNG - KEEL.

55 POSENER, *L'enseignement loyaliste*, 13.

56 Interessanterweise ist gerade die königsbezogene Hymne derjenige Teil des Textes, der in der Stele von Sehetepibre auch epigraphisch belegt ist, während die Diskussion um das Verhältnis zur Arbeiterschicht nur durch die späteren literarischen Kopien tradiert ist: ein Beweis für die höhere "Situationsbezogenheit" des Enkomions - vgl. auch das Vorhandensein ähnlicher epigraphischer Belege des Loyalismus im Mittleren Reich: POSENER, *Littérature et politique*, 131 - gegenüber der spekulativen Abstraktheit des zweiten Teiles, dessen zeitunabhängigerer Charakter sich besser auf die topische Anwendung anderer Epochen eignete.

Spruch 1130 der Sargtexte[57]: Vollbringung dem Menschen nützlicher Taten, Erschaffung der Lebensbedingungen, Erhaltung des Lebenszyklus. Wichtig erscheint mir dabei die unmittelbare Orientierung am *rmṯ*, die all diesen Texten - trotz ihrer unterschiedlichen gattungstheoretischen Natur - gemeinsam ist: alles dreht sich hier nicht um das abstakte Theologoumenon, sondern um das Leben und das Schicksal des Individuums[58], das die Intervention des Allherrn erkennen bzw. dem König folgen[59] soll. Obwohl Ptahhoteps und Sinuhes unbestimmter (bzw. unbestimmbarer) Gott hier explizit mit dem Schöpfergott bzw. - loyalistisch uminterpretiert - mit dem König identifiziert wird, würde man sich ungern auf eine endgültige referentielle Entsprechung festlegen wollen: die mythische Auflösung des Transzendenten in ikonische Konstellationen (bzw., *ṯz pẖr*, die Verdichtung konstellativer Ikone in einer einheitlichen ethisch-intellektuellen Instanz) ist in der neuen Kultur "kontextuell" bedingt; die Natur der Verbalisierung Gottes hängt mit der Form des Textes oder des nicht-textuellen Zeichensystems seines Auftretens zusammen. So beruft sich Sinuhe auf Montu im Kontext der kriegerischen Auseinandersetzung mit dem Helden von Retjenu bzw. auf eine lange Liste konstellativer Götter in seinem Brief an den König - in Kontexten also, in denen er als Fragment der ägyptischen Gemeinschaft handelt -, auf den antikonstellativen/henotheistischen *nṯr* jedoch in seinen inneren Monologen und generell als Ich-Erzähler - wenn er also seine private Historie als Detail eines kulturellen Zeitgeistes präsentiert; so kann der ikonische Schöpfergott des besprochenen Sargtextes dem ikonischen König loyalistischer Lehren auf der einen und zugleich dem anikonischen *nṯr* der Weisheitstexte auf der anderen Seite intensional identisch sein. - Am Rande: die Sinuhe-Erzählung bietet einige Berührungspunkte mit der loyalistischen Literatur, auf die der Leser oft hingewiesen wird: auch in diesem Text hat der laut angekündigte Loyalismus des Helden den Anklang einer Hyperkorrektur, die zum Zwecke der Kaschierung autonomer Emanzipation dient; auf diese Weise kann der Leser den verkappt, aber eindeutig reservierten Ton bestimmter Passagen der Erzählung in Bezug auf die Figur Sesostris' I. besser auslegen, etwa die (wohl kontrastiv aufzufassende) Hervorhebung der Rolle der Königin (und der Hathor: man denke an die erotischen

57 *CT* VII 461c - 468b; vgl. SCHENKEL, in: KEHRER, *Soziale Gleichheit*, 29 zur gleichen Daseinsberechtigung aller Menschen im Plan der Schöpfung; außerdem stellt Schenkel (S.32) fest, daß sich aus der älteren Auffassung der "Mit-Geschöpflichkeit" des Menschen das Konzept einer "Gleich-Geschöpflichkeit" allmählich entwickelte - eine religionsgeschichtliche Darstellung, die genau den Punkt meiner Argumentation trifft: vgl. auch ASSMANN, *Theologie und Frömmigkeit*, 204-208.

58 *CT* VII 463f - 464a: "Ich habe einen jeden wie seinen Nächsten geschaffen und verboten, daß sie Unrecht tun".

59 S. Ens.Loy. § 3: POSENER, *L'enseignement loyaliste*, 21 ff.

Konnotationen dieser Göttin[60] und zugleich an den "erotischen" Charakter des Erkenntnisprozesses überhaupt, s. oben), die positive Funktion der *rmṯ.w nj.w km.t*, wohl politische Refugiés, die sich bei Ammunenschi aufhalten und die Sinuhes Eingliederung in das Exil begünstigen, Ammunenschis ironische Bemerkungen nach Sinuhes Enkomion des Königs, des Helden Hemmungen (sein letzter Angstausbruch in der Erzählung!) beim Betreten des Königssaales. Wohlgemerkt: das bedeutet natürlich nicht, daß Sinuhe ein antikönigliches Werk ist, sondern daß die propagandistische Natur dieser Erzählung - und vieler anderer Literaturtexte des Mittleren Reiches - eine "Transposition", eine typologische Anpassung intellektueller Erwägungen, die im Umfeld der Identitätspräsentation ihren Ursprung haben, auf das Ikon des Königs darstellte und somit dem ägyptischen Publikum eine weltanschaulich "topischere", "unmarkiertere" Grundlage als etwa eine explizite Betonung des eigenen Ich bzw. der eigenen Gottesbeziehung bot.

In diesem Sinne hat Assmann in einigen Texten der zeitgenössischen Literatur die Ansätze einer Theodizee-Problematik erkennen können[61]: anders als die reine Theologie scheint die ägyptische Theodizee dem Bereich der "schönen Literatur" zu entspringen, ist also mit dem hier angedeuteten Prozeß menschlicher Identitätsbildung eng verbunden. Dabei gewinnt der erwähnte "henotheistische" Charakter großer Teile dieser Literatur (und überhaupt dieses Zeitgeistes) die klaren Kontouren eines kulturellen Paradigmenwechsels: auch im Bereich der religiösen Spekulation ist das individuelle Moment in den Fokus der Aufmerksamkeit gerückt: "Gott kennt jeden Namen"[62], er ist jetzt imstande, die "Leistung" zu honorieren[63]; die Literatur ist zur Inspirationsquelle der gesamten zeitgenössischen Kultur geworden.

Das Problem der diachronischen und typologischen Beziehung zwischen dem *homo novus* der Literatur des Mittleren Reiches und dem ramessidischen "Frommen" geht über den Rahmen meiner Studie hinaus und ist außerdem ägyptologisch geklärt worden[64]. Hinzufügen möchte ich nur, daß die historische Entwicklung von der "Theodizee" des Mittleren Reiches zur "persönlichen Frömmigkeit" der XIX. Dynastie weniger die Intension des Phänomens als dessen Extension betrifft: diejenigen Ansätze, die ursprünglich dem Bereich der Literatur entstammten und dadurch lediglich ihrer relativ kleinen Trägerschicht zugänglich waren, erschließen sich nach dem Amarna-Umsturz immer breiteren Bevölkerungsschichten und vor

60 S. DERCHAIN, *Hathor Quadrifrons*, bes. 45 ff.
61 ASSMANN, *Theologie und Frömmigkeit*, 198 ff.
62 Merikare 138: *jw nṯr rḫ.w rn nb.*
63 Vgl. § 6 oben.
64 ASSMANN, in: HORNUNG - KEEL; ders., *Theologie und Frömmigkeit*, 258 ff.

allen Dingen finden Eingang in immer breitere textuelle Bereiche[65]; was im frühen Mittleren Reich Merkmal des Klassenbewußtseins einer literarischen Elite gewesen war, wird nach Amarna zur allgemeinen religiösen Erfahrung in der ägyptischen Gesellschaft; Gedanken, die anfänglich nur den literarischen oder der Literatur nahestehenden Bereich gekennzeichnet hatten, werden in der Ramessidenzeit zum Charakteristikum der pastoralen Gottesnähe in Ägyptens religiösem Leben.

§ 27 Literatur des Denkens, Literatur des Handelns, Literatur des Glaubens: das frühe Mittlere Reich entdeckt das gesamte Spektrum des literarischen Vehikels als Verdichtungsmoment der individuellen Instanz. Das Ausland und der Ausländer treten im Spannungsfeld zwischen etabliertem Topos und innovativer Mimesis auf; der ägyptische Literat erkennt in diesen Größen das Paradigma seiner eigenen zeitgenössischen Kondition, seiner intellektuellen Suche nach den Bedingungen des menschlichen Daseins. Und in der Kaschiertheit des theologischen Diskurses hat er dieses sein Bedürfnis nach individueller Eigenständigkeit verewigt und an die Nachwelt tradiert[66]:

jw wḏ.n rꜥw prj=k m hrww jrj=k ḫprw m rmṯ ḥmsj=k r-gs rꜥw sḏm=f mdw=k

"Re hat befohlen, daß du am Tage herauskommst, daß du die Verwandlung in Mensch vollziehst, daß du neben Re sitzst, damit er auf deine Worte hört"[67].

65 Eine solche "diastratische" - eher als "diachronische" - Auffassung der historischen Entwicklung ist neulich auch für andere Phänomene der ägyptischen Kulturgeschichte vorgeschlagen worden und entspricht wahrscheinlich einer allgemeinen Tendenz unserer zeitgenössischen Kultur: vgl. die innovative Darstellung der ägyptischen Sprachgeschichte von JUNGE, in: *ZDMG. Supplement VI*, 17 ff., der die relevanten Unterschiede zwischen Mittel- und Neuägyptisch nicht so sehr in eventuellen Änderungen in der Sprachstruktur, sondern in der jeweils privilegierten - und textuell bedingten - "Normgrammatik" (des politischen, des theologischen, des literarischen Diskurses, u.s.w.) erkennt: das Auftreten der verschiedenen Formen von Neuägyptisch ist also primär die Folge einer Erweiterung des Horizonts des schriftlichen Fixierbaren in der ägyptischen Gesellschaft.

66 Zu größtem Dank bin ich meinem Freund und Kollegen David P. Silverman verpflichtet, der mir diesen noch im Druck befindlichen Sargtext aus dem Grab des *Ḫzw wrj* in Kôm el-Ḥiṣn großzügigerweise zur Verfügung stellte und auch bibliographische Hinweise zuteil werden ließ.

67 Vgl. *CT* II 112a: FEDERN, *JNES* 19 (1960), 244.

Literaturverzeichnis

ALLEMANN, B., "Aufriß des ironischen Spielraumes", in: HASS - MOHR-LÜDER, 39-46.

ALTENMÜLLER, H., "Apotropaikon", in: *LÄ* I, 355-358.

ASSMANN, A. und J. - HARDMEIER, Ch. (Hgg.), *Schrift und Gedächtnis.* Archäologie der literarischen Kommunikation 1, München 1983.

ASSMANN, J., "Wort und Text. Entwurf einer semantischen Textanalyse", *GM* 6 (1973), 9-32.

-------, "Der literarische Text im Alten Ägypten. Versuch einer Begriffsbestimmung", *OLZ* 69 (1974), 117-126.

-------, *Ägyptische Hymnen und Gebete* , Zürich-München 1975.

-------, "Das Bild des Vaters im Alten Ägypten", in: TELLENBACH, H. (Hg.), *Das Vaterbild in Mythos und Geschichte*, Stuttgart 1976, 12-49.

-------, "Das ägyptische Zweibrüdermärchen (Papyrus d'Orbiney): eine Textanalyse auf drei Ebenen am Leitfaden der Einheitsfrage", *ZÄS* 104 (1977), 1-25.

-------, "Fest des Augenblickes - Verheißung der Dauer. Die Kontroverse der ägyptischen Harfnerlieder", in: ASSMANN - FEUCHT - GRIESHAMMER, *Gedenkschrift Otto*, 55-84.

-------, "Primat und Transzendenz. Struktur und Genese der ägyptischen Vorstellung eines 'Höchsten Wesens'", in: WESTENDORF, W. (Hg.), *Aspekte der spätägyptischen Religion.* GOF IV/9, Wiesbaden 1979, 7-42.

-------, "Weisheit, Loyalismus und Frömmigkeit", in: HORNUNG - KEEL, 11-72.

-------, "Die Zeugung des Sohnes. Bild, Spiel, Erzählung und das Problem des ägyptischen Mythos", in: ASSMANN, J. - BURKERT, W. - STOLZ, F. (Hgg.), *Funktionen und Leistungen des Mythos. Drei altorientalische Beispiele.* OBO 48, Fribourg/Göttingen 1982, 13-62.

-------, "Persönlichkeitsbegriff und -bewußtsein", in: *LÄ* IV, 963-978.

-------, "Die Gestalt der Zeit in der ägyptischen Kunst", in: ASSMANN - BURKARD, 11-32.

-------, "Königsdogma und Heilserwartung. Politische und kultische Chaosbeschreibungen in ägyptischen Texten", in: HELLHOLM, D. (Ed.), *Apocalypticism in the Mediterranean World and the Near East.* Proceedings of the International Colloquium on Apocalypticism, Uppsala, August 12-17, 1979, Tübingen 1983, 345-377.

-------, *Re und Amun*. OBO 51, Fribourg/Göttingen 1983.

-------, "Schrift, Tod und Identität. Das Grab als Vorschule der Literatur im alten Ägypten", in: ASSMANN - HARDMEIER, 64-93.

-------, *Ägypten. Theologie und Frömmigkeit einer frühen Hochkultur*. Urban-Taschenbücher 366, Stuttgart 1984.

-------, "Gibt es eine 'Klassik' in der ägyptischen Literaturgeschichte? Ein Beitrag zur Geistesgeschichte der Ramessidenzeit", in: *ZDMG. Supplement VI*: RÖLLIG, W. (Hg.), *XXII Deutscher Orientalistentag vom 21. bis 25.März 1983 in Tübingen. Ausgewählte Vorträge*, Stuttgart 1985, 35-52.

-------, "Schöpfung", in: *LÄ* V, 677-690.

ASSMANN, J. - BURKARD, G. (Hgg.), *5000 Jahre Ägypten. Genese und Permanenz pharaonischer Kunst*, Nußloch 1983.

ASSMANN, J. - FEUCHT, E. - GRIESHAMMER, R. (Hgg.), *Fragen an die altägyptische Literatur. Studien zum Gedenken an Eberhard Otto*, Wiesbaden 1977.

AUERBACH, E., *Mimesis. Dargestellte Wirklichkeit in der abendländischen Literatur*, Bern-München [6]1977 [1946].

BAEUMER, M.L. (Hg.), *Toposforschung*. Wege der Forschung 395, Darmstadt 1973.

BAINES, J., "Interpreting *Sinuhe* ", *JEA* 68 (1982), 31-44.

-------, "Theories and Universals of Representation: Heinrich Schäfer and Egyptian Art", *Art History* 8,1(1985), 1-25.

BARTHES, R., "An Introduction to the Structural Analysis of Narrative", *New Literary History* 6 (1975), 237-272.

BAUM, R., "Narrativik und Sprachwissenschaft: Zum Problem der Fundierung sprach- und literaturwissenschaftlicher Forschung", in: HAUBRICHS, *Erzählforschung 2*, 16-45.

von BECKERATH, J., "Die 'Stele des Verbannten' im Museum des Louvre", *RdE* 20 (1968), 1-36.

BERGER, P. - LUCKMANN, Th., *Die gesellschaftliche Konstruktion der Wirklichkeit. Eine Theorie der Wissenssoziologie*, Frankfurt/M. 1969.

BERGMAN, "Gedanken zum Thema: 'Lehre' - 'Testament' - 'Grab' - 'Name'", in: HORNUNG - KEEL, 73-104.

BEVAN, E., *The House of Ptolemy. A History of Egypt under the Ptolemaic Dynasty* , Chicago 1968.

BIERBRIER, M.L., *The Late New Kingdom in Egypt (c.1300-664 B.C.). A Genealogical and Chronological Investigation*, Warminster 1976.

BLUMENTHAL, E., "Die Textgattung Expeditionsbericht in Ägypten", in: *Gedenkschrift Otto*, 85-118.

-------, "Die Prophezeiung des Neferti", *ZÄS* 109 (1982), 1-27.

BRACKERT, H. - LÄMMERT, E. (Hgg.), *Funk-Kolleg Literatur*. 2 Bände, Frankfurt/M. 1977-1978.

BREUER, D., *Einführung in die pragmatische Texttheorie*. UTB 106, München 1974.

BOOTH, W.C., *Die Rhetorik der Erzählkunst*. 2 Bände. UTB 384-385, Heidelberg 1974.

BROICH, U., "Formen der Markierung von Intertextualität", in: BROICH - PFISTER, 31-47.

BROICH, U. - PFISTER, M. (Hgg.), *Intertextualität. Formen, Funktionen, anglistische Fallstudien*. Konzepte der Sprach- und Literaturwissenschaft 35, Tübingen 1985.

BROOKS, C., "Ironie und 'ironische' Dichtung", in: HASS - MOHRLÜDER, 31-38.

BRUNNER, H., "Bildliche Ausdrücke und Übertragungen", in: *LÄ* I, 805-811.

-------, "Literatur", in: *LÄ* III, 1067-1072.

-------, "Zitate aus Lebenslehren", in: HORNUNG - KEEL, 105-171.

-------, "Zitate", in: *LÄ* VI, 1415-1420.

BRUNNER-TRAUT, E., "Krokodil", in: *LÄ* III, 794-795.

BURKARD, G., *Textkritische Untersuchungen zu ägyptischen Weisheitslehren des Alten und Mittleren Reiches*. Ägyptologische Abhandlungen 34, Wiesbaden 1977.

CALABRESE, O., *L'età neobarocca*. Sagittari Laterza 8, Bari 1987.

CAMINOS, R.A., *A Tale of Woe* , Oxford 1977.

-------, "The Moscow Literary Letter", in: ASSMANN - FEUCHT - GRIESHAMMER, *Gedenkschrift Otto*, 147-153.

CERQUIGLINI, B. - GUMBRECHT, H.U. (Hgg.), *Der Diskurs der Literatur- und Sprachhistorie*. STW 411, Frankfurt/M. 1983.

COSERIU, E., *Textlinguistik. Eine Einführung*. Tübinger Beiträge zur Linguistik 109, Tübingen ²1981.

COSTA LIMA, L., "Soziales Wissen und Mimesis: der 'Wirklichkeitsgehalt' literarischer Texte als Grundproblem der Literaturgeschichte", in: CERQUIGLINI - GUMBRECHT, 511-536.

CURTIUS, E.R., *Europäische Literatur und lateinisches Mittelalter*, Bern-München ⁶1967 [1948].

-------, "Begriff einer historischen Topik", in: BAEUMER, 1-18.

DEFOSSEZ, M., "L'inscription d'Amenhotep II à Giza", *GM* 85 (1985), 25 - 36.

DERCHAIN, Ph., *Hathor Quadrifrons. Recherches sur la syntaxe d'un mythe égyptien.* Uitgaven van het Nederlandsch Historisch Archaeologisch Instituut te Istanbul 28, Istanbul 1972.

-------, "Intelligenz als Karriere (*Neferti* 10-11)", GM 3 (1972), 9-14.

-------, "Sinouhé et Ammounech", *GM* 87 (1985), 7-13.

DIETSCHE, P., *Das Erstaunen über das Fremde. Vier literaturwissenschaftliche Studien zum Problem des Verstehens und der Darstellung fremder Kulturen.* Europäische Hochschulschriften I/748, Frankfurt/M. 1984.

DOLEŽEL, L., "Semantik der Erzählung", in: HAUBRICHS, *Erzählforschung 2*, 68-84.

DONADONI, S., "Gli Egiziani e le lingue degli altri", *Vicino Oriente* 3 (1980), 1-14.

-------, *L'Egitto*, Torino 1981.

DUERR, H.-P., *Traumzeit. Über die Grenze zwischen Wildnis und Zivilisation*, Frankfurt/M. 1978.

ECO, U., *Lector in fabula. La cooperazione interpretativa nei testi narrativi.* Studi Bompiani 22, Milano 1979.

EDEL, E., *Altägyptische Grammatik.* Analecta Orientalia 34-39, Rom 1955-1964.

-------, "Inschriften des Alten Reiches XI. Nachträge zu den Reiseberichten des *Ḥrw-ḫwjf*", *ZÄS* 85 (1960), 18-23.

EHLICH, K., "Text und sprachliches Handeln. Die Entstehung von Texten aus dem Bedürfnis nach Überlieferung", in: ASSMANN - HARDMEIER, 24-43.

ENGLUND, G. - FRANDSEN, P.J. (Ed.), *Crossroad. Chaos or the Beginning of a New Paradigm.* Papers from the Conference on Egyptian Grammar, Helsingør 28-30 May 1986. Carsten Niebuhr Institute Publications 1, København 1986.

EGGS, E., *Die Rhetorik des Aristoteles.* Europäische Hochschulschriften XXI/27, Frankfurt/M. 1984.

FÄHNDRICH, H., "Literaturwissenschaft und Arabistik. Einzelfall oder Symptom einer 'Altertumswissenschaft'?", *WdO* 7 (1973/74), 259-266.

FECHT, G., *Wortakzent und Silbenstruktur. Untersuchungen zur Geschichte der ägyptischen Sprache.* Ägyptologische Forschungen 21, Glückstadt/Hamburg/New York 1960.

-------, "Der Moskauer 'literarische Brief' als historisches Dokument", *ZÄS* 87 (1962), 12-31.

-------, "Die Israelstele, Gestalt und Aussage", in: *Fontes atque Pontes. Eine Festgabe für Hellmut Brunner.* ÄAT 5, Wiesbaden 1983, 106-138.

FECHT, G., "Sinuhes Zweikampf als Handlungskern des dritten Kapitels des Sinuhe-'Romans', in: *Studien zu Sprache und Religion Ägyptens zu Ehren von Wolfhart Westendorf*. Band 1: Sprache, Göttingen 1984, 465-484.
FEDERN, W., "The 'Transformations' in the Coffin Texts. A New Approach', *JNES* 19 (1960), 241-257.
FISCHER, H.G., "The Nubian Mercenaries of Gebelein during the First Intermediate Period", *Kush* 9 (1961), 44-80.
FISCHER, L., "Topik", in: *Grundzüge der Literatur- und Sprachwissenschaft.* Band 1: Literaturwissenschaft, München 1973, 157-164.
-------, "Auslegung der Bibel", in: BRACKERT - LÄMMERT. Band 1, 258-270.
FISCHER, O. - JASTROW, W., *Handbuch der arabischen Dialekte.* Porta Linguarum Orientalium 16, Wiesbaden 1980.
FLÜGGE, M. "Erzählsemiotik als Theorie der Artikulationsbewegungen der Erzählung", in: HAUBRICHS, *Erzählforschung 2*, 46-67.
FRANKE, D., "Probleme der Arbeit mit altägyptischen Titeln des Mittleren Reiches", *GM* 83 (1984), 103-124.
FUHRMANN, M., "Die Epochen der griechischen und der römischen Literatur", in: CERQUIGLINI - GUMBRECHT, 537-555.

GALSTERER, H., "Petrons 'Gastmahl des Trimalchio' und die römische Sozialgeschichte", in: CERQUIGLINI - GUMBRECHT, 492-510.
GARDINER, A.H., "The Dakhleh Stela", *JEA* 19 (1933), 19-30.
-------, "Davies's Copy of the Great Speos Artemidos Inscription", *JEA* 32 (1946), 43-56.
-------, *Egyptian Grammar*, Oxford ^{3}1957.
GESTERMANN, L., *Kontinuität und Wandel in Politik und Verwaltung des frühen Mittleren Reiches in Ägypten.* GOF IV/18, Wiesbaden 1987.
GIVÓN, T., *On Understanding Grammar.* Perspectives in Neurolinguistics and Psycholinguistics 1, New York-San Francisco-London 1979.
GOEDICKE, H., *The Protocol of Neferyt*, Baltimore 1977.
-------, *The Quarrel of Apophis and Seqenenre^{c}*, San Antonio 1986.
GÖRG, M., "Das Land *J33*", in: OSING - DREYER, 142-153.
GRAPOW, H., *Der stilistische Bau der Geschichte des Sinuhe.* Institut für Orientforschungen 10, Untersuchungen zur ägyptischen Stilistik 1, Berlin 1952.
GRIFFITH, F.Ll., *Hieratic Papyri from Kahun and Gurob.* 2 Vols. London 1898.
GRIFFITHS, J.G., *The Conflict of Horus and Seth from Egyptian and Classical Sources*, Liverpool 1960.
-------, "Wahrheit und Lüge", in: *LÄ* VI, 1140-1142.
GRIVEL, Ch., "Serien textueller Perzeption. Eine Skizze", in: SCHMID - STEMPEL, 53-83.

GRUMACH, I., *Untersuchungen zur Lebenslehre des Amenope*. MÄS 23, Berlin/München 1972.

GUGLIELMI, W., "Zur Adaptation und Funktion von Zitaten", *SAK* 11 (1984). *Festschrift Wolfgang Helck*, 347-364.

-------, "Stilmittel", in: *LÄ* VI, 22-41.

-------, "Vergleich", in: *LÄ* VI, 986-989.

GÜLICH, E. - RAIBLE, W., *Linguistische Textmodelle*. UTB 130, München 1977.

GUMBRECHT, H.U., "Fiktion und Nichtfiktion", in: BRACKERT - LÄMMERT. Band 1, 188-209.

-------, "Literarische Gegenwelten, Karnevalkultur und die Epochenschwelle vom Spätmittelalter zur Renaissance", in: ders. (Hg.), *Literatur in der Gesellschaft des Spätmittelalters*. GRLMA 1, Heidelberg 1980, 95-144.

-------, "Lebenswelt als Fiktion / Sprachspiele als Antifiktion. Über Funktionen des realistischen Romans in Frankreich und Spanien", in: HENRICH - ISER, 239-275.

HALLIDAY, M.A.K., "Language Structure and Language Function", in: LYONS, J. (Ed.), *New Horizons in Linguistics* , Harmondsworth 1970, 140-165.

HANSEN-LÖVE, A.A., "Intermedialität und Intertextualität. Probleme der Korrelation von Wort- und Bildkunst am Beispiel der russischen Moderne", in: SCHMID - STEMPEL, 291-360.

HASAN, R., "Text in the Systemic-Functional Model", in: DRESSLER, W.U. (Hg.), *Current Trends in Textlinguistics*. Research in Text Theory / Untersuchungen zur Texttheorie 2, Berlin - New York 1978, 228-246.

HASS, H.E. - MOHRLÜDER, G.-A. (Hgg.), *Ironie als literarisches Phänomen*. Neue Wissenschaftliche Bibliothek 57. Literaturwissenschaft, Köln 1973.

HAUBRICHS, W., "Einleitung: Für ein Zwei-Phasen-Modell der Erzählanalyse", in: ders., *Erzählforschung 1*, 7-28.

------- (Hg.), *Erzählforschung 1*. Zeitschrift für Literaturwissenschaft und Linguistik (LiLi). Beiheft 4, Göttingen 1976.

------- (Hg.), *Erzählforschung 2*. Zeitschrift für Literaturwissenschaft und Linguistik (LiLi), Beiheft 6, Göttingen 1977.

------- (Hg.), *Erzählforschung 3*. Zeitschrift für Literaturwissenschaft und Linguistik (LiLi), Beiheft 8, Göttingen 1978.

HAUG, W. (Hg.), *Formen und Funktionen der Allegorie*. Germanistische Symposien, Berichtsbände 3, Stuttgart 1979.

HELCK, W., "Die Ägypter und die Fremden", *Saeculum* 15 (1964), 103-114.

-------, *Die Beziehungen Ägyptens zu Vorderasien im 3. und 2. Jahrtausend v.Chr* . Ägyptologische Abhandlungen 5, Wiesbaden [2]1971.

HELCK, W., "Fremde in Ägypten", "Verhältnis zur Fremde", in: *LÄ* II, 306-312.

-------, "Gottesstaat", in: *LÄ* II, 822-823.

-------, "Individuum", in: *LÄ* III, 152-155.

-------, *Geschichte des alten Ägypten*. Handbuch der Orientalistik I, 1(3), Leiden [2]1981.

-------, "Peribsen", in: *LÄ* IV, 937-938.

-------, "Wenamun", in: *LÄ* VI, 1215-1217.

-------, *Politische Gegensätze im alten Ägypten*. Hildesheimer Ägyptologische Beiträge 23, Hildesheim 1986.

-------, "Die Erzählung vom Verwunschenen Prinzen", in: OSING - DREYER, 218-225.

-------, "Zur Lage der ägyptischen Geschichtsschreibung", in: *Akte des IV. Internationalen Ägyptologen-Kongresses*. SAK-Beihefte (im Druck; eine Zusammenfassung liegt in den "Resümees der Referate", 94-95 vor).

HELLER, E., "Die Theologie der Ironie", in: HASS - MOHLÜDER, 217-221.

HENRICH, D., "'Identität' - Begriffe, Probleme, Grenzen", in: MARQUARD-STIERLE, 133-186.

HENRICH, D. - ISER, W. (Hgg.), *Funktionen des Fiktiven*. Poetik und Hermeneutik 10, München 1983.

HORN, J., *Das Martyrium des Viktor, Sohnes des Romanos*, Diss. Göttingen 1981.

HORNUNG, E., "Chaotische Bereiche in der geordneten Welt", *ZÄS* 81 (1956), 28-32.

-------, *Das Amduat. Die Schrift des verborgenen Raumes*. 2 Teile. Ägyptologische Abhandlungen 7, Wiesbaden 1963.

-------, *Der Eine und die Vielen. Ägyptische Gottesvorstellungen*, Darmstadt 1971.

-------, "Monotheismus im pharaonischen Ägypten", in: KEEL, O. (Hg.), *Monotheismus im Alten Israel und seiner Umwelt*. Biblische Beiträge 14, Fribourg 1980, 83-97.

-------, "Die Israelstele des Merenptah", in: *Fontes atque Pontes. Eine Festgabe für Hellmut Brunner*. ÄAT 5, Wiesbaden 1983, 224-233.

HORNUNG, E. - KEEL, O. (Hgg.), *Studien zu altägyptischen Lebenslehren*. OBO 28, Fribourg / Göttingen 1979.

ISER, W., *Der Akt des Lesens. Theorie ästhetischer Wirkung*. UTB 636, München 1976.

-------, "Akte des Fingierens, oder: Was ist das Fiktive im fiktionalen Text?", in: HENRICH - ISER, 121-151.

JAKOBSON, R. "Linguistics and Poetics", in: SEBEOK, Th.A. (Ed.), *Style in Language*, Cambridge (Mass.) 1960, 350-377.

JAUß, H.R., "Der Leser als Instanz einer neuen Geschichte der Literatur", *Poetica* 7 (1975), 325-344.

-------, "Negativität und Identifikation. Versuch zur Theorie der ästhetischen Erfahrung", in: WEINRICH, *Positionen der Negativität,* 263-339.

JUNGE, F., "Die Welt der Klagen", in: ASSMANN - FEUCHT - GRIESHAMMER, *Gedenkschrift Otto*, 275-284.

-------, *Syntax der mittelägyptischen Literatursprache. Grundlage einer Strukturtheorie*, Mainz 1978.

-------, "Form und Funktion ägyptischer Satzfragen", *BiOr* 40 (1983), 545-559.

-------, "Vom Sinn der ägyptischen Kunst", in: ASSMANN - BURKARD, 43-60.

-------, "Zur 'Sprachwissenschaft' der Ägypter", in: *Studien zu Sprache und Religion Ägyptens zu Ehren von Wolfhart Westendorf.* Band 1: Sprache, Göttingen 1984, 257-272.

-------, "Sprachstufen und Sprachgeschichte", in: *ZDMG. Supplement VI*: RÖLLIG, W. (Hg.), *XXII Deutscher Orientalistentag vom 21. bis 25.März 1983 in Tübingen. Ausgewählte Vorträge*, Stuttgart 1985, 17-34.

KAPLONY, P., "Die Definition der schönen Literatur im Alten Ägypten", in: ASSMANN - FEUCHT - GRIESHAMMER, *Gedenkschrift Otto*, 289-314.

-------, "Ka", in: *LÄ* III, 275-282.

KEES, H., "Ein alter Götterhymnus als Begleittext zur Opfertafel", *ZÄS* 57 (1922), 92-120.

-------, *Der Götterglaube im alten Ägypten*, Berlin [2]1956.

KITCHEN, K.A., *The Third Intermediate Period in Egypt (1100 - 650 B.C.)*, Warminster 1973.

KNOX, N., "Die Bedeutung von 'Ironie': Einführung und Zusammenfassung", in: HASS - MOHRLÜDER, 21-30.

KOSELLECK, R., "Zur historisch-politischen Semantik asymmetrischer Gegenbegriffe", in: WEINRICH, *Positionen der Negativitätt*, 65-104.

KRETSCHMER, M., "Literarische Praxis der *Mémoire collective* in Heinrich Bölls Roman 'Billard um halb zehn'", in: HAUBRICHS, *Erzählforschung 2*, 191-215.

KRISTEVA, J, Σημειωτική. *Recherches pour une sémanalyse.* Points Littérature 96, Paris 1978.

KUHN, T.S., *Die Struktur wissenschaftlicher Revolutionen.* STW 25, Frankfurt/M. [2]1976.

KULTERMANN, U., *Kleine Geschichte der Kunsttheorie*, Darmstadt 1987.

KUMMER, I., "Zur Logik der Interpretationsprozesse von Erzählungen", in: HAUBRICHS, *Erzählforschung 2* , 216-227.

KURTH, D., "Zur Interpretation der Geschichte des Schiffbrüchigen", *SAK* 14 (1987), 167-179.

LANDWEHR, L., *Text und Fiktion*. Kritische Information 30, München 1975.

LAUSBERG, H., *Elemente der literarischen Rhetorik*, München [5]1976.

LEIRIS, M., *Die eigene und die fremde Kultur*, Frankfurt/M. 1977.

LÉVI-STRAUSS, C., *Anthropologie structurale I*, Paris 1958.

LICHTHEIM, M., *Ancient Egyptian Literature*. 3 Bände, Berkeley-Los Angeles 1973-1980.

-------, *Late Egyptian Wisdom Literature in the International Context. A Study of Demotic Instructions*. OBO 52, Fribourg/Göttingen 1983.

LIDDELL, H. G. - SCOTT, R., *A Greek-English Lexicon*, Oxford [9]1983.

LINK, J., "Aufgaben der Literaturwissenschaft", in: BRACKERT - LÄMMERT. Band 2, 293-316.

LOPRIENO, A., "Osservazioni sullo sviluppo dell'articolo prepositivo in egiziano e nelle lingue semitiche", *Oriens Antiquus* 19 (1980), 1-27.

-------, "Il pensiero egizio e l'apocalittica giudaica", *Henoch* 3 (1981), 289-320.

-------, *Das Verbalsystem im Ägyptischen und im Semitischen. Zur Grundlegung einer Aspekttheorie*. GOF IV/17, Wiesbaden 1986.

-------, "Il modello egiziano nei testi della letteratura intertestamentaria", *Rivista Biblica* 34 (1986), 205-232.

-------, "Egyptian Grammar and Textual Features", ENGLUND - FRANDSEN, 255-287.

-------, "Der ägyptische Satz zwischen Semantik und Pragmatik: die Rolle von *jn*", in: *Akte des IV. Internationalen Ägyptologen-Kongresses* . SAK-Beihefte (im Druck; Zusammenfassung in den "Resümees der Referate", 132-133).

LORTON, D., "The Expression *šms-jb*", *JARCE* 7 (1968), 41-54; 8 (1969-70), 55-57.

-------, "The Expression *jrj hrw nfr*", *JARCE* 12 (1975), 23-31.

LÜBBE, H., "Zur Identitätspräsentationsfunktion der Historie", in: MARQUARD - STIERLE, 277-292.

LUCKMANN, T., *Lebenswelt und Gesellschaft* . UTB 1011, Paderborn 1980.

LYONS, J., *Semantics*. 2 Bände, Cambridge 1977.

MARQUARD, O., "Kunst als Antifiktion - Versuch über den Weg der Wirklichkeit ins Fiktive", in: HENRICH - ISER, 35-54.

MARQUARD, O. - STIERLE, K.H. (Hgg.), *Identität*. Poetik und Hermeneutik 8, München 1979.

MARTIN-PARDEY, E., "Erste Zwischenzeit", in: *LÄ* VI, 1437-1442.

MARTINEZ-BONATI, F., *Fictive Discourse and the Structures of Literature. A Phenomenological Approach*, Ithaca/London 1981.

-------, "Erzählungsstruktur und ontologische Schichtenlehre", in: HAUBRICHS, *Erzählforschung 2*, 175-183.

MORENZ, S., "Die Heraufkunft des transzendenten Gottes in Ägypten", *SSAW* 109, 2 (1964).

MÜLLER, D., "Der gute Hirte", *ZÄS* 86 (1961), 126-144.

NEWBERRY, P.E., *Beni Hasan. Part I*, London 1893.

NEWMAN HUTCHENS, E., "Die Identifikation der Ironie", in: HASS - MOHR-LÜDER, 47-56.

OBERMAYER, A., "Zum Toposbegriff der modernen Literaturwissenschaft", in: BAEUMER, 252-267.

OCKINGA, B.G., "The Burden of Khaᶜkheperrēᶜsonbu", *JEA* 69 (1983), 88-95.

-------, *Die Gottebenbildlichkeit im Alten Ägypten und im Alten Testament.* ÄAT 7, Wiesbaden 1984.

OSING, J., "Gleichnis", in: *LÄ* II, 618-624.

-------, "Ironie", in: *LÄ* III, 181.

OSING, J. - DREYER, G. (Hgg.), *Form und Maß. Beiträge zur Literatur, Sprache und Kunst des alten Ägypten. Festschrift für Gerhard Fecht zum 65. Geburtstag am 6.Februar 1987.* ÄAT 12, Wiebaden 1987.

OTTO, E., "Gott und Mensch nach den ägyptischen Tempelinschriften der griechisch-römischen Zeit", *AHAW* 1964, 1.

-------, "Ägypten im Selbstbewußtsein des Ägypters", in: *LÄ* I, 76-78.

PARANT, R., *L'affaire Sinouhé. Tentative d'approche de la justice répressive égyptienne au début du IIᵉ millénaire av. J.C.*, Aurillac 1982.

PERRI, C., "On Alluding", *Poetica* 7 (1978), 289-307.

PFISTER, M., "Konzepte der Intertextualität", in: BROICH - PFISTER, 1-30.

PLETT, H.F.,*Textwissenschaft und Textanalyse. Semiotik, Linguistik, Rhetorik.* UTB 328, Heidelberg 1975.

-------, "Sprachliche Konstituenten einer intertextuellen Poetik", in: BROICH - PFISTER, 78-98.

PÖGGELER, O., "Dichtungstheorie und Toposforschung", in: BAEUMER, 22-135.

POSENER, G., "Les richesses inconnues de la littérature égyptienne", *RdE* 6 (1951), 27-48; *RdE* 9 (1952), 117-120.

-------, *Littérature et politique dans l'Egypte de la XIIème dynastie*. Bibliothèque de l'École des Hautes Études 307, Paris 1956.

-------, *L'enseignement loyaliste. Sagesse égyptienne du Moyen Empire*. Centre de Recherches d'histoire et de philologie II, Hautes Études orientales 5, Genève 1976.

-------, "La complainte de l' échanson Bay", in: ASSMANN - FEUCHT - GRIES-HAMMER, *Gedenkschrift Otto*, 385-397.

PRÉAUX, C., "Graeco-Roman Egypt", in: HARRIS, J.R. (Ed.), *The Legacy of Egypt* , Oxford ²1971, 323-354.

PURDY, S., "Sinuhe and the Question of Literary Types", *ZÄS* 104 (1977), 112-127.

RAIBLE, W., "Was sind Gattungen? Eine Antwort aus semiotischer und textlinguistischer Sicht", *Poetica* 12 (1980), 320-349.

RAINEY, A.F., "The World of Sinuhe", *IOS* 2 (1972), 369-408.

ROCCATI, A., *La littérature historique sous l'Ancien Empire égyptien*. Littératures anciennes du Proche-Orient 11, Paris 1982.

RÖßLER-KÖHLER, U., *Individuelle Haltungen zum ägyptischen Königtum der Spätzeit*, Habilitationsschrift Göttingen 1987.

ROOT, J.G., "Ironischer Stil bei Thomas Mann", in: HASS - MOHRLÜDER, 229-239.

SCHÄFER, H.,*Von ägyptischer Kunst* , Wiesbaden ⁴1963.

-------, *Principles of Egyptian Art*, Oxford 1974 [Übersetzung und Kommentar von J. BAINES].

SCHENKEL, W., "Soziale Gleichheit und soziale Ungleichheit und die ägyptische Religion", in: KEHRER, G. (Hg.), *"Vor Gott sind alle gleich". Soziale Gleichheit, soziale Ungleichheit und die Religionen*, Düsseldorf 1983, 26-41.

SCHLICHTING, R., "Streit des Horus und Seth", in: *LÄ* VI, 84-86.

SCHMID, W. - STEMPEL, W.-D. (Hgg.), *Dialog der Texte. Hamburger Kolloquium zur Intertextualität*. Wiener Slawistischer Almanach, Sonderband 11, Wien 1983.

SCHMIDT, S.J., *Texttheorie. Probleme einer Linguistik der sprachlichen Kommunikation*. UTB 202, München 1973.

-------, *Literaturwissenschaft als argumentierende Wissenschaft*. Kritische Information 38, München 1975.

SCHULTE-SASSE, J. - WERNER, R., *Einführung in die Literaturwissenschaft* . UTB 640, München 1977.

SCHÜTZ, A. - LUCKMANN, Th., *Strukturen der Lebenswelt*, Band 1. STW 284, Frankfurt/M. 1979.

SEIBERT, P., *Die Charakteristik. Untersuchungen zu einer altägyptischen Sprechsitte und ihren Ausprägungen in Folklore und Literatur*. Ägyptologische Abhandlungen 17, Wiesbaden 1967.

SEIFFERT, H., *Einführung in die Wissenschaftstheorie* 2, München 1972.

SETHE, K., "Die Ächtung feindlicher Fürsten, Völker und Dinge auf altägyptischen Tongefäßscherben des Mittleren Reiches", *APAW* 1926,5.

SOEFFNER, H.-G., "Interaktion und Interpretation - Überlegungen zu Prämissen des Interpretierens in Sozial- und Literaturwissenschaft", in: ders. (Hg.), *Interpretative Verfahren in der Sozial- und Textwissenschaft* , Stuttgart 1979, 328-351.

SPERBER, D. - WILSON, D., "Irony and the Use-Mention Distinction", in: COLE, P. (Ed.), *Radical Pragmatics*, New York/San Francisco/London 1981, 295-318.

SPIEGEL, J., *Die Erzählung vom Streite des Horus und Seth in Pap. Beatty I als Literaturwerk*. Leipziger Ägyptologische Studien 9, Glückstadt/Hamburg/ New York 1937.

-------, "Admonitions", in: *LÄ* I, 65-66.

STADELMANN, R., "Sethos I", in: *LÄ* V, 911-917.

-------, "Vierhundertjahrstele", in: *LÄ* VI, 1039-1043.

STANZEL, F.K., *Theorie des Erzählens*. UTB 904, Göttingen [2]1982.

STEMPEL, W.-D., "Intertextualität und Rezeption", in: SCHMID - STEMPEL, 85-109.

STERNBERG, H., "Sachmet", in: *LÄ* V, 323-333.

STIERLE, K.H., "Was heißt Rezeption bei fiktionalen Texten?", *Poetica* 7 (1975), 345-387.

-------, "Die Fiktion als Vorstellung, als Werk und als Schema", in: HENRICH - ISER, 173-182.

-------, "Werk und Intertextualität", in: SCHMID - STEMPEL, 7-26.

THISSEN, H.-J., Besprechung von J.T.Sanders, *Ben Sira and demotic Wisdom*, *Enchoria* 14 (1986), 199-201.

TITZMANN, M., *Strukturale Textanalyse*. UTB 582, München 1977.

TRIGGER, B.G. - KEMP, B.J. - O'CONNOR, D. - LLOYD, A.B., *Ancient Egypt: a Social History*, Cambridge 1983.

VANDIER, J., "Quelques stèles de soldats de la Première Période Intermédiaire", *CdE* 18 (1943), 21-29.

VEIT, W., "Toposforschung. Ein Forschungsbericht", in: BAEUMER, 136-209.

te VELDE, H., *Seth, God of Confusion. A Study of his Role in Egyptian Mythology and Religion.* Probleme der Ägyptologie 6, Leiden [2]1977.

-------, "Horus und Seth", in: *LÄ* III, 25-27.

-------, "Seth", in: *LÄ* V, 908-911.

VERGOTE, J., "La notion de Dieu dans les Livres de sagesse égyptiens", in: *Les Sagesses du Proche-Orient Ancien. Colloque de Strasbourg 17-19 mai 1962*, Paris 1963, 159-190.

VERNUS, P., "Traum", in: *LÄ* VI, 745-749.

WARD, W.A., *Index of Egyptian Administrative and Religious Titles of the Middle Kingdom*, Beirut 1982.

WARNING, R., "Formen narrativer Identitätskonstitution im höfischen Roman", in: MARQUARD - STIERLE, 553-589.

WATT, I., *The Rise of the Novel*, Harmondsworth 1983 [1957].

WEIMANN, R., *Literaturgeschichte und Mythologie.* STW 204, Frankfurt/M. 1977.

WEINRICH, H., *Sprache in Texten*, Stuttgart 1976.

------- (Hg.), *Positionen der Negativität.* Poetik und Hermeneutik 6, München 1975.

WELLEK, R. - WARREN, A.,*Theorie der Literatur*, Frankfurt/M. 1972.

WESTENDORF, W., *Das Alte Ägypten*, Baden-Baden 1968.

-------, "Sinuhe B 160", in: HELCK, W. (Hg.), *Festschrift für Siegfried Schott zu seinem 70. Geburtstag am 20.August 1967*, Wiesbaden 1968, 125-131.

-------, "Raum und Zeit als Entsprechungen der beiden Ewigkeiten", in: *Fontes atque Pontes. Eine Festgabe für Hellmut Brunner.* ÄAT 5, Wiesbaden 1983, 422-435.

-------, "Einst - Jetzt - Einst, oder: Die Rückkehr zum Ursprung", *WdO* 17 (1986), 5-8.

-------, "Ein neuer Fall der 'homosexuellen Episode' zwischen Horus und Seth? (pLeiden 348 Nr.4)", *GM* 97 (1987), 71-77.

WILDUNG, D., *Imhotep und Amenhotep. Götterwerdung im alten Ägypten.* MÄS 36, München / Berlin 1977.

-------, "Tradition und Innovation. Pole ägyptischer Kunstgeschichte", in: ASSMANN - BURKARD, 33-42.

WINTER, M., "Utopische Anthropologie und exotischer Code. Zur Sprache und Erzählstruktur des utopischen Reiseromans im 18. Jahrhundert", in: HAUBRICHS, *Erzählforschung 3*, 135-175.

WOLF-BRINKMANN, E., *Versuch einer Deutung des Begriffes 'b3' anhand der Überlieferung der Frühzeit und des Alten Reiches*, Freiburg 1968.

ŽABKAR, L.V., *A Study of the Ba Concept in Ancient Egyptian Texts*. SAOC 34, Chicago 1968.

ZIEGLER, K., "Plutarchos von Chaironeia", in: *Realencyclopädie der classischen Altertumswissenschaft*. Band 21.1, 636-962.

-------, "Plutarchos von Chaironeia", in: ZIEGLER, K. - SONTHEIMER, W. (Hgg.), *Der Kleine Pauly. Lexikon der Antike in fünf Bänden*. Band 4, München 1979, 945-953.

Namen-, Stellen- und Sachregister

A SACHEN UND NAMEN

a-historisch 16
a-sozial 83
Abgrenzung 86. 89
  Abgrenzungsbedürfnis 89
Abischar 45. 46. 49
Adjektivverb 23
Admonitions 85. 94
Ächtungstexte 8. 39
Ägypten-Rezeption 68
ägyptischsprachig 43
Ägyptisierung 30. 44. 50. 57. 70. 81
  ägyptisiert 37. 56. 57
Allegorie 26
allegorisch 26
Altes Reich 8. 20. 21. 37. 45. 56. 91
Amarna 8. 40. 96. 97
Amenemope 89
Ammunenschi 41. 42. 43. 44. 45. 46. 47. 48. 49. 50. 51. 52. 53. 54. 55. 56. 57. 58. 61. 62. 63. 69. 79. 82. 83. 90. 91. 96
Amun 25. 67. 68. 69. 70
  Amun-Re 65. 66. 67. 68
Ani 30
anikonisch 45. 46. 95
Anti-Kultur 23
Antifiktion 49
  antifiktional 49
Antike 86
antikonstellativ 93. 95
antimimetisch 61
Apophis 73. 75. 76
Archifunktion 76
aristotelisch 3. 10. 12. 26. 75
Asiat 8. 22. 23. 24. 25. 26. 27. 28. 29. 34. 41. 43. 46. 55. 57. 58. 74. 75
  asiatisch 8. 44. 46. 57. 58. 59. 63
  Asiatisierung 57
  Asien 57. 61. 62. 69. 80
Ästhetik 11
  ästhetisch 11. 14. 20. 35. 60. 70
asymmetrisch 23. 39
Aton 39
aufklärerisch 91
Aufklärung 87
Aufmerksamkeitsfokus 42
Ausdrucksform 7
Ausländerdarstellung 14. 62
  Ausländerfigur 8. 21. 30. 39. 42. 46. 67
  Ausländerpräsentation 33. 35. 36. 37. 43. 54. 73. 84
Autonomie 5. 26. 85. 92
  autonom 9, 12. 20. 44. 46. 47. 63. 84. 95
Autor 5. 6. 10. 11. 12. 13. 14. 17. 18. 19. 20. 26. 33. 46. 47. 48. 49. 50. 51. 52. 53. 54. 55. 59. 61. 63. 80. 81. 84. 88. 89. 94

Autoreferentialität 12
autoreferentiell 12
axiologisch 34. 53

Ba 90. 91. 92. 93
Ba-haftigkeit 92
Barbar 23. 55
Barbarenbild 29
Beder 65. 69
Bedeutungsgeschichte 52
Beduine 25. 27. 43. 48. 50. 51. 52. 55. 56. 91
beduinisch 82
Beni Hasan 45
beredter Bauer 87. 88. 89
Bewußt-Werden 83
Bewußtwerdung 85
Bewußtsein 28. 29. 36. 45. 62. 70. 83. 88
Bezugsschema 10
biblisch 19. 48. 63
Bildkunst 91
Biographie 16. 20. 21
biographisch 8. 42. 84. 88
bipolar 3
Bourgeoisie 91
Bruder 75. 76. 77. 78
Brudermord 77
Bürgertum 88
bürgerlich 70
Byblos 65. 67. 69

Chacheperreseneb 85. 89
Chaosbeschreibung 85
Charakter 18. 22. 42. 45
Charakteristik 7. 44
Chnumhotep 45
chronologisch 17
Chuienanup 88

Darstellung des Ausländers 14. 20. 33. 34. 35. 39. 42. 45. 55
deduktiv 2. 3
Dekonstruktionismus 6
Denken 3. 10. 62. 92. 97
Denkmodell 45. 66. 83
Denkschema 10. 19. 45. 46. 48. 63
Denkstruktur 19. 54
Denksystem 18
Detail 45. 85. 95
detailliert 2
diachron 1. 4. 12. 33. 88. 91. 96. 97
Dialektik 3. 6. 9. 14. 18. 37. 39. 39. 47. 55. 69. 70. 77. 84
dialektisch 5. 6. 18. 33. 46. 47. 49. 70. 93
Dialog 18. 48. 52. 53. 54. 55. 62. 70. 92
Dialogabschnitt 45
diastratisch 97
diatopisch 4
Dichotomie 1. 4. 9. 16. 48. 55. 83. 84
dichotomisch, 2. 4
didaktisch 17
diesseitsorientiert 93
Distanz 53
distanzieren 51
distanziert 53
Distanzierung 11. 12. 51. 69
Dor 65
Dritte Zwischenzeit 9
Du-Einstellung 37. 46. 91
Dynastie
II. Dynastie 74
XII. Dynastie 65. 66. 83. 86. 88. 91
XVIII. Dynastie 10. 17. 50. 60. 61. 62
XIX. Dynastie 8. 66. 70. 74. 96
XX. Dynastie 83
XXI. Dynastie 66

Eigendarstellung 35
Eigenname 37. 47. 61. 79. 81
Eigenständigkeit 80. 97
eigenständig 33
Einnahme von Joppa 37

Einstellung 34
Emanzipation 92. 95
Enseignement loyaliste 89
s.a. Loyalistische Lehre
Entgrenzung 6
epikureisch 86
epistemisch 53
epistemologisch 88
Erbe 77. 80. 81
Erbschaft 76
Erfahrung 16. 18. 20. 36. 54. 56. 57. 58. 60. 61. 62. 64. 65. 66. 68. 69. 81. 82. 90. 97
Erklärungsmodell 47
Eros 83
erotisch 75. 83. 95. 96
s.a. sexuell, homosexuell
Erste Zwischenzeit 35. 39. 46. 88
Erwartung 14. 16. 18. 20. 33. 36. 47. 49. 52. 53. 56. 58. 60. 65. 66. 69. 80. 82. 85. 88
Erzähler 53. 54. 55
Erzählfunktion 41
Erzählliteratur 15. 41. 88. 90
Erzählsemiotik 54
Erzähltext 16. 79
Erzählung 17. 21. 41. 49. 55
Erzählungsschluß 83
Erzählungssequenz 42
Erzählungsstoff 60
Erzählungsteil 82
Erzählung von Wahrheit und Lüge 78. 81. 82
Ethik 87
ethisch 24. 86. 87. 89. 91. 93. 95
ethnisch 36. 43. 44. 46. 51. 55
europäisch 6. 18. 49. 64. 70. 87. 90. 91
Expeditionsbericht 21
Extension 4. 96
extensional 52. 66. 91

Figur 8. 10. 20. 24. 26. 28. 32. 34. 37. 41. 42. 43. 46. 48. 51. 54. 65. 73. 76. 77. 78. 79. 81. 86. 92. 93. 95
Figur, weibliche 32
Figure 3
Fiktion 44. 49. 56. 59. 86
fiktional 43. 44. 46. 48. 49. 51. 53. 54. 55. 61. 81. 84. 85. 90
fiktionalisieren 45. 85
Fiktionalität 70
fiktiv 30. 50. 61. 70. 81. 87. 93
Fiktivwerdung 48
Flucht 8. 25. 32. 48. 57. 58. 59. 61. 62. 64. 65. 90
Flüchtling 48. 53. 54. 58. 60. 61. 62. 63
Folge-Text 6
Form 16. 17. 23. 42. 51. 55. 95
formal 14. 29. 48. 50. 51. 81. 82
formalisierbar 20
Formalisierung 2
formalistisch 5
Formel 88
Formulierung 3
Fragment 4. 64. 85. 95
fragmentarisch 2. 3. 37
Frauenrolle 63
s.a. Figur, weibliche
Fremdsprachigkeit 43
Frommer 89. 96
Funktion 3. 5. 12. 18. 23. 40. 43. 45. 46. 49. 52. 70. 73. 77. 83. 90. 92. 94. 96
funktional 41
funktionell 74. 75. 76
Funktionssinn 50

Gattung 5. 12. 14. 16. 17. 21. 33. 55. 84. 94
Gattungsmerkmal 12
gattungsspezifisch 41
gattungstheoretisch 5. 17. 95
Gebelein 35. 36
Gebelein-Stelen 36. 39
geisteswissenschaftlich 1

Gemeinschaft 53. 54. 58. 91. 95
Genre 16. 94
Geschichte 6. 13. 32. 36. 47. 50. 64. 69. 84. 87. 90
geschichtlich 1. 36. 84
Geschichtlichkeit 17
Geschichtsbewußtsein 50
Geschichtsforschung 3
Gesellschaft 10. 15. 19. 20. 33. 34. 36. 37. 44. 45. 48. 52. 58. 59. 66. 70. 85. 86. 87. 91. 97
gesellschaftlich 5. 11. 12. 14. 18. 26. 32. 33. 34. 45. 47. 53. 54. 55. 61. 62. 63. 66. 69. 70. 71. 85. 88. 94
Gleichnis 26
Gottesfigur 74
Gottesstaat 66
Grab 14. 19. 32. 35. 45. 48. 68. 82. 97
Grabinschrift 14. 44. 84
Grenze 59. 73. 75. 78. 80. 85. 88
Grenzbereich 93
Grenzsituation 75
Grenzstele Sesostris' III. 25
griechisch 64. 78
Ground 3

Handlungssinn 6
Harfnerlieder 86
Hebräer 63
hebräisch 31
Held 60. 61. 63. 70. 75. 90. 95. 96
Antiheld 36
(Pseudo-)Held 65. 70
Pseudo-Held 70
heldenhaft 55
Herchuf 8. 21. 56
Herz 25. 30. 32. 85. 86. 87. 89. 90. 92. 93
Historie 36. 58. 84. 89. 95
historisch 1. 2. 3. 6. 9. 11. 17. 19. 23. 26. 32. 33. 42. 44. 47. 49. 61. 62. 73. 84. 86. 96. 97
s.a. a-historisch, kulturhistorisch
Historisierung 50
historistisch 1. 8. 33
homerisch 86. 90
homosexuell 83
Horizont 39. 65. 71
Horus 3. 7. 73. 74. 75. 76. 77. 78. 79. 80. 81. 82. 83
Horus-Konstellation 73
Humanwissenschaft 1
Hyksos 8. 25. 28. 37. 46. 62. 74. 83
Hymne 17. 39. 55. 56. 57. 82. 94
Hymnik 40
hymnisch 17. 39

Ich 47. 91. 96
Ich-Bewußtsein 88
Ich-bezogen 90
Ich-Erzähler 95
Idealbiographie 15. 33
ideational 11. 78. 82. 83
Ideengeschichte 62
ideengeschichtlich 62
Identifikation 70
Identifikationsmuster 69
Identifikationsprozeß 74
Identität 11. 42. 76
Identitätsbegriff 90
Identitätsbildung 90. 96
Identitätsfrage 46
Identitätsgewinnung 90
Identitätskonzept 42
Identitätspräsentation 96
Ideologie 28
ideologisch 43. 64. 70. 83. 85. 88
Ideologoumena 71. 81. 85
Ihr-Einstellung 34. 55
Ikon 49. 76. 77. 83. 93. 95. 96
ikonisch 33. 45. 55. 75. 90. 95
Ikonographie 53

Individuum 36. 39. 43. 45. 53. 70. 84. 85. 89. 92. 95
individualisieren 93
Individualität 91
individuell 12. 15. 16. 18. 19. 20. 28. 33. 36. 37. 40. 41. 42. 43. 44. 45. 46. 47. 52. 54. 58. 62. 64. 65. 66. 69. 71. 80. 81. 84. 85. 88. 89. 92. 93. 94. 96. 97
induktiv 2. 3. 4. 8
Inhaltsform 41
intellektuell, 85. 86. 87. 89. 91. 92. 93. 95. 96. 97
Intension 4. 96
intensional 52. 66. 91. 94. 95
Interpretation, werkimmanente, 5. 57
Interpretationslehre 6
Intertextualität 5. 6. 17. 18
intertextuell 11. 17. 18. 20
intratextuell 85
Ironie 51. 52. 53. 54. 63. 64. 69. 70
ironisch 12. 51. 52. 53. 54. 55. 56. 64. 70. 72. 80. 81. 96
s.a. (selbst)ironisch
Isotop 14
isotopisch 15
Israelstele 16. 37

jenseitsorientiert 92. 93
Jesus Ben Sira 31

Ka 76. 77. 91. 92
Ka-haftigkeit 77. 92
Kahun-Fragment 83
Kamose 8
Kamose-Stele 25
Kamutef 3. 77
Karnakstele 36 38
Kassitin 24. 36
Katharsis 57. 90
kathartisch 57. 70. 71
Kennzeichen 30. 35
Kerngeschichte 53
Klagen 85
Klassenbewußtsein 97
Klassik 10. 17, 19
klassikozentrisch 13
klassisch 10. 17. 27. 29. 36. 52. 89
klassisches Altertum 19. 78
klassische Antike 19
s.a. Antike
klassische Philologie 6
Klassizismus 18. 20
klassizistisch, 18. 19. 20. 84
Klassizität 19
Klimax 88
Königsdogmatik 40. 53
Königsfigur 66
Königshymnik 25
s.a. Hymne, Hymnik
Königsname 74
Königtum 69. 76. 77
Kommunikation 9. 18
Kommunikationfluß 18
Kommunikationsprozeß 14
Kommunikationssituation 5. 34. 40. 41. 55
Kommunikationssystem 18. 85
kommunikativ 6
Komplizität 53. 54. 55. 70. 81. 85
komplizenhaft 53. 80. 93
Konnotation 8. 20. 23. 26. 30. 32. 37. 44. 47. 51. 77. 78. 96
konnotationsreich 53
Konstellation 3. 53. 55. 73. 75. 76. 77. 95
s.a. Horus-Konstellation, Osiris-Konstellation
konstellativ 82. 95
Kontext 3. 4. 5. 6. 9. 10. 11. 19. 35. 39. 48. 51. 55. 61. 69. 73. 78. 80. 92. 95
kontextuell 5. 11. 42. 45. 54. 62. 79. 80. 82. 95

Kotext 4. 9. 34. 55
kotextuell 5. 9. 62. 79
Kraft 76. 77. 80
Krise 85
kritisch s. (selbst)kritisch
Kultur 2. 4. 5. 7. 8. 9. 12. 17. 19. 20. 23. 28. 29. 33. 46. 50. 51. 56. 64. 65. 69. 70. 71. 78. 87. 90. 91. 95. 96. 97
kulturell 8. 10. 11. 12. 13. 23. 36. 38. 48. 50. 51. 69. 70. 74. 81. 86. 87. 89. 90. 95. 96
Kulturgeschichte 9. 10. 13. 19. 33. 44. 45. 69. 73. 74. 83. 91. 97
kulturgeschichtlich 16. 35. 37. 46. 49. 93
Kulturgut 30
kulturhistorisch 6. 9. 20. 74. 80. 84. 86. 92
Kulturmerkmal 74
kulturpolitisch 74
Kunst 1. 39. 45. 46. 47. 49. 87. 88
Kunstanalyse 2
Kunstform 91
Kunstforschung 2
Kunstgeschichte 1. 3
kunstgeschichtlich 2
Kunsttheorie 20
Kunstwerk 5. 20
Kunstgriff 10. 43

Land der Sklaverei 48
Laufbahnbiographie 12. 15. 56
Lebenserfahrung 57
Lebensmüder 85. 89. 92
Lebenswelt 12
Lehre für Merikare 24
s.a. Merikare
Lehre 14. 15. 19. 26. 31. 84. 89
s.a. Weisheitslehre
Leichnam 76. 77. 80
Leistung 11. 12. 15. 43. 46. 88. 89. 96
Leitmotiv 82
Leser 12. 14. 42. 47. 49. 53. 54. 55. 59. 70. 73. 79. 80. 90. 95
Leserkreis 18
s.a. Trägerkreis, Trägerschicht
Libyen 38
Libyer 23. 35. 38. 43
libysch 38
literarhistorisch 49. 62
literarische Transzendierung 11. 14. 15. 21. 33. 56. 79. 80. 84. 92
literarisch transzendiert 49. 58
Literaturbegriff 20. 42. 45
Literaturforschung 6
Literaturgattung 16. 88
Literaturgeschichte 4. 10. 17. 31. 42. 84
literaturgeschichtlich 4
Literaturtext 96
Literaturwissenschaft 3. 4. 6. 9. 10. 12. 17. 18. 33. 52. 57
literaturwissenschaftlich 5. 6. 11. 14. 17. 26. 35. 39. 42. 51. 57
Loyalismus 94. 95
loyalistisch 95
Loyalistische Lehre 17. 94. 95
s.a. Enseignement loyaliste
Lysis 70. 80. 82

makroägyptisch 85. 88
Mantelstatue 45
Mensch 7. 11. 21. 25. 27. 29. 32. 39. 42. 43. 44. 59. 63. 68. 71. 86. 88. 89. 90. 91. 92. 95. 97
Menschheit 91
menschlich 19. 21. 27. 29. 34. 39. 44. 45. 46. 53. 63. 64. 68. 70. 78. 81. 83. 84. 90. 92. 93. 96. 97
Menschwerdungsverfahren 90

Meri 38. 39. 43
Merikare 75. 86. 88. 89. 94
Merkmal 4. 5. 7. 12. 14. 15. 16. 17. 29. 34. 35. 36. 37. 42. 43. 46.48. 51. 54. 61. 62. 70. 77. 81. 86. 87. 88. 89. 93. 97
Merneptah 37
Metapher 26. 51
  metaphorisch 81. 83
metaphysisch 94
metasprachlich 43
Methode 1. 12
  methodisch 1. 3. 4. 9. 16
  methodologisch 47
Metonymie 28. 85
  metonymisch 78. 85. 90
mikroägyptisch 85. 89. 90
Mimem 49
Mimesis 9. 11. 12. 14. 16. 18. 19. 20. 21. 28. 29. 30. 35. 37. 39. 41. 42. 44. 45. 46. 48. 49. 53. 55. 56. 59. 60. 61. 63. 64. 65. 66. 70. 71. 79. 82. 83. 84. 85. 88. 90. 91. 93. 97
  mimetisch 16. 17. 18. 20. 21. 26. 32. 33. 36. 37. 41. 42. 43. 44. 45. 46. 47. 48. 49. 50. 51. 54. 55. 56. 57. 58. 62. 63. 64. 66. 69. 70. 71. 73. 79. 80. 81. 82. 83. 84. 85. 86. 88. 90
Miscellanies 19
Mitannifürst 60
  mitannisch 60. 63
    s.a. Naharina
Mittleres Reich 8. 16. 17. 20. 21. 29. 37. 43. 44. 46. 47. 48. 49. 55. 56. 62. 69. 70. 85. 86. 87. 88. 90. 91. 92. 93. 94. 96. 97
Modell 2. 3. 11. 14. 19. 58. 77. 79. 80. 83. 84. 85. 90
  Modell-Autor 53
  Modell-Leser 59
  modellhaft 4
monotheistisch 93
Montesquieu 88
moralisch 26. 37. 58. 59
Motiv 7. 16. 20. 21. 26. 28. 30. 61. 62. 63. 85
Mythos 77
  mythisch 95
Mythologie 51
  mythologisch 79

Nachwelt 19. 42. 83. 84. 97
Naharina 60. 61
  s.a. mitannisch
Name 15. 19. 36. 37. 39. 43. 44. 45. 46. 56. 69. 89. 96
  namentlich 33. 43. 45. 50. 65. 79. 84
narrativ 5. 16. 37. 41. 42. 43. 56. 65. 69. 70. 82
  narrative-descriptive 41
Narrativik 12. 18. 37. 41. 82
Natur 28. 63. 78
Neferkare 21
Neferti 85. 88. 90
Negation 23
  negativ 8. 26. 30. 32. 33. 37. 43. 47. 74. 75. 77. 78. 79. 81. 92
Neues Reich 16. 24. 28. 62. 65
nicht-realweltlich 61
nicht-topisch 33. 35
non-mimetic, theoretical 41
Nubien 39
  Nubier 25. 28. 30. 34. 35. 36
  Nubiertum 35
  nubisch 16. 35. 36. 37. 39

Oberretjenu 41. 42. 43. 46. 57
  s.a. Retjenu
Opposition 7. 9. 16. 18. 20. 23. 27. 29. 39. 40. 50. 54. 55. 56. 65. 68. 75. 77. 83. 87
  Oppositionspaar 3. 4. 7. 9
  Oppositionsrelation 23

Orakelwesen 93
Organisationsstruktur 27
Osiris 75. 76. 77. 78. 79. 82. 83
Osiris-Konstellation 73
Osiris-Mythos 74
Osiris-Stoff 79

pAnastasi I 26
Paradigma 49. 55. 81. 85. 90. 97
paradigmatisch 19. 84. 86. 90. 92
paradigmatisieren 86
Paradigmenwechsel 2. 90. 96
Partei 47
passiv 23
pChester Beatty I 78. 82
pChester Beatty II 78. 79
pChester Beatty IV 17. 19. 33
Penamun 68. 69
Perfektivität 23
perfektiv 23. 77
Person 15. 37. 38. 42. 44. 46. 50. 54. 62. 93
Personalität 42. 84
Personenname 42. 43. 61
persönlich 12. 19. 36. 38. 52. 55. 61. 85. 87. 88. 90. 93
persönliche Frömmigkeit 89. 91. 96
Persönlichkeit 19. 39. 42. 43. 84
Persönlichkeitsbegriff 43. 84
Persönlichkeitsbewußtsein 19
Petosiris 44
pHarris 500 61
pInsinger 31
Plutarch 19
Poem 16
poetisch 16. 40. 51. 69. 82
Poiesis 12
Polarität 26
polar 7
politisch 2. 8. 25. 28. 32. 44. 45. 46. 47. 48. 50. 59. 60. 62. 64. 66. 69. 70. 71. 74. 76. 85. 86. 87. 88. 90. 94. 96. 97
s.a. kulturpolitisch
Porträtkunst 46
positiv 23. 26. 45. 63. 73. 74. 75. 76. 77. 96
positivistisch 4
Poststrukturalismus 6
poststrukturalistisch 17
Potentialität 92
Potenz 92
Pragmatik 3
pragmatisch 3. 4. 11. 15. 24. 28. 34. 40. 41
Prä-Text 6. 18. 68. 79
prä-textuell 80
Prätext 20. 53
prätextuell 81. 85
Präsentation 61. 79. 83
präsentieren 35. 37. 50. 53. 55. 85
Präsentation des Ammunenschi 43
Präsentation des Auslands 62
Präsentation des Ausländers 16. 42
Präsentation des ausländischen Herrschers 37
privat 84. 85. 89. 90. 91. 95
Privatisierung 93
prosopographisch 19. 70
prospektiv 23. 77
Ptah 88
Ptahhotep 87. 89. 92. 95
Ptolemäerzeit 9. 44
Publikum 18. 80. 81. 86. 88. 96
Pyramidentexte 92

Qadesch-Poem 16. 25

Ramses II 74
Re 28. 73, 97
Re-Harachte 73
s.a. Amun-Re
Realismus 18. 19. 20. 91
realistisch 20, 49. 66. 69

Realität 10. 11. 49. 52. 59. 63. 85
real 46. 93
Realitätsbewältigung 49. 62
Realitätsbezogenheit 88
Realitätsbezug 49. 64
Realitätserfahrung 62
Realpolitik 79
realweltlich 48. 49. 61. 66. 69. 86
Redaktionsgeschichte 23
Reduktion 10
referentiell 94. 95
Reise 21. 64. 67. 90
Rekonstitution 2. 5. 91
Rekonstruktion 2. 6. 78
Religionsgeschichte 91. 93
religionsgeschichtlich 74. 95
religionshistorisch 82
religionspolitisch 74. 82
Religionswissenschaft 3
religionswissenschaftlich 73. 74. 78. 79
religiös 13. 26. 39. 40. 46. 50. 53. 66. 68. 69. 70. 73. 78. 81. 91. 93. 94. 96. 97
Rensi-Sohn-des-Meru 88
repräsentativ 46
restituieren 49
Retjenu 46. 55. 57. 91. 95
s.a. Oberretjenu
Rezeption 3. 5. 10. 12, 17. 19. 68
Rezipient 14. 39. 49. 52
Rhema 3. 12
rhematisch 12
Rhetorik 3. 10. 69
rhetorisch 10. 16. 20. 26. 41. 51. 52. 53. 56. 64. 81. 86
Rückkehr 56. 57. 58

Sarenput I 88
Sargtexte 91. 95. 97
Schema 14. 90
Schiffbrüchiger 93
Schöpfergott 94
Schultext 32
Sehetepibre s. Stele des Sehetepibre
Sehnsucht nach Memphis 30
(selbst)ironisch 54
(selbst)kritisch 55
Selbst-Mord 77
Selbstachtung 90
selbständig 7. 11. 14. 38
Selbstbild 42
Selbstdarstellung 15. 16. 84
Selbsteinschätzung 71
Selbstrelativierung, 70
Selbstverständnis 36. 64. 72
Semantik 4. 20. 87
semantisch 5.7. 14. 16. 22. 23. 24. 27. 29. 33. 34. 40. 48. 61. 63. 75. 77. 78. 86
semiologisch 4. 17. 18. 87
Semiosphäre 78
Semiotik 4. 78
semiotisch 41
Sesostris I 95
Sesostris III s. Grenzstele Sesostris' III
Seth 7. 67. 73. 74. 75. 76. 77. 78. 79. 80. 81. 82. 83. 92. 93
Seth-Modell 73. 74. 79
Setne-Chaemwase 37
sexuell 75. 77. 92
Si-Osire 37
Siegeshymnik 43
s.a. Hymne, Hymnik
Siegesstele Thutmosis' III 16
Signal 4. 90
Sinn 4. 14
sinnkonstitutiv 70
Sinnpotential 14
Sinnstruktur 4
Sinnwelt 23. 33. 35. 44. 45. 51. 53. 54. 57. 64. 67. 69. 71. 73. 81. 83. 90. 91. 94
Sinuhe 8. 16. 41. 43. 44. 45. 46. 47. 48. 49. 50. 51. 52. 53. 54. 55. 56. 57. 58. 59. 61. 62. 63. 64. 65. 69. 70. 79. 80. 81. 82. 83. 85. 87. 88. 90. 91. 93. 94. 95. 96

Smendes 66. 68
Sohn 76. 77. 81
Sonnenbarke 73
  Sonnengott 23. 76. 93. 94
  Sonnenlauf 75
  Sonnenzyklus 23
sozial 8. 9. 16. 26. 27. 28. 42. 43. 45. 46. 58. 60. 61. 69. 84. 85. 86. 87. 88. 89. 90. 91. 92. 94
  s.a. a-sozial
  Sozialgeschichte 1. 69
  Sozialität 91
  Sozialstruktur 28
  sozialwissenschaftlich 34
  soziokulturell 7. 18. 68. 83. 88
Speos Artemidos 62
Sprache 11. 29. 43. 83
  Sprachanalyse 2. 3
  Sprachbeherrschung 29
  Sprachfunktion 11
  Sprachgeschichte 97
  sprachhistorisch 77
  sprachlich 3. 10. 18. 20. 27. 29. 40. 44. 47. 51. 59. 75. 82
  Sprachstruktur 97
  Sprachunterschied 39
  Sprachwissenschaft 1. 2. 3. 4
    sprachwissenschaftlich 24. 52
Stammesname 7
Stele des Sehetepibre 94
Stil 16. 70
  Stilfigur 16. 26. 43
  stilistisch 20. 27. 43. 61. 78
Streit des Horus und Seth 78. 80. 82. 83
Streit zwischen Apophis und Seqnenra 37
Struktur 2. 3. 5. 6. 35. 42. 58. 66. 85. 94
  struktural 1. 5. 41
  Strukturalismus 4
    strukturalistisch 1
  strukturell 27. 37
Symbol 43. 84
  symbolisch 23. 45. 46. 49. 50. 59. 75. 77
symmetrisch 23. 71. 80. 81
sympathetisch 70
synchron 1
Syrer 28. 72
  Syrien 39. 65. 68
System 2. 4. 39. 50. 54. 73. 76. 78. 80. 85
  systematisch 1. 2. 41
  systemextern 73
  Systemindividualisierung 50
  systemintern 73. 74
  Systemzwang 37

Tanis 66
Tentamun 66. 68
Textanalyse 14
  Textbegriff 6
  Textgattung 6. 12. 14, 15, 17. 19. 21. 26. 32. 33. 36. 37. 40. 41. 42
  Textgeschichte 17
  textgrammatisch 5
  Textlinguistik 4. 9
    textlinguistisch, 11. 41. 42
  Textpartitur 12
  Textrhematik 12
  Textthematik 85
  textuell 11. 83. 97
  Textwissenschaft 12
Textur 5. 6
Thema 3. 4. 7. 24. 31. 39. 65
  thematisch 10. 12
  Thematisierung 18
Theodizee 96
Theologie 3. 8. 17. 40. 73. 76. 79. 81. 84. 91. 92. 96
  theologisch 16. 17. 53. 73. 79. 86. 91. 94. 97
Theorie 1. 3
  theoretisch 2. 7. 41
Thoth 73. 83

Thutmosis III s. Siegesstele Thutmosis' III
Tiefenstruktur 75. 76
tiefenstrukturell, 17
Tjekerba^{c}al 65. 67. 68. 69. 70. 79. 83
Tod 32. 57. 75. 77. 92
Tod des Königs 52, 53
Todesauffassung 92
Todeszustand 75
Topik 86
topisch 16. 17. 18. 19. 21. 23. 26. 30.32. 33. 34. 35. 36. 37. 41. 42. 43. 44. 46. 47. 48. 50. 51. 53. 54. 55. 56. 57. 58. 62. 63. 64. 66. 67. 70. 71. 77. 79. 80. 81. 82. 83. 84. 85. 86. 88. 90. 94. 96
Topos 9. 10. 11. 12. 14. 16. 17. 18. 20. 21. 22. 23. 24. 26. 27. 30. 31. 34. 35. 36. 37. 39. 41. 44. 47. 48. 49. 53. 54. 55. 56. 58. 62. 64. 82. 83. 84. 85. 89. 90. 97
Topoi 37. 45. 46. 49. 59. 61. 81. 86
Tradition 3. 36. 40. 48. 52. 64
traditionell 4. 33. 46. 54. 62. 78. 92
Trägerkreis 55. 63
Trägerschicht 86. 91. 96
s.a. Leser, Leserkreis
transzendent 94. 95
transzendieren 15. 47. 86
Traum 59. 93
Trickster 73. 75
Typologie 69
typologisch 1. 16. 33. 39. 43. 75. 96

Überlieferung 15
Überlieferungsform 16
Überprüfung 53. 63. 69. 85
überprüfen 45. 47
Übertragung 26
Ungeschichtlichkeit 17
Universum der Texte 6
Unkultur 23. 71

Vater 77
Vaterfigur 77
Verbalform 3
Verewigung 88
Verfasser 70. 84
Vergleich 26
Verifizierung 66. 69
verifizieren 53
Veröffentlichung 88
Verwunschener Prinz 60. 61. 62. 63. 64. 65. 70
Vierhundertjahrstele 74

weibliche Figur s. Figur, weibliche
Weisheit 21. 31. 33. 67. 88. 89
weisheitlich 3. 16
Weisheitslehre 32. 47
s.a. Lehre
Weisheitsliteratur 15. 16. 18. 28. 29. 33. 36. 84. 92
Weisheitstext 15. 17. 26. 31. 33. 42. 43. 84. 89. 93. 95
Weltanschauung, 64, 65, 71
weltanschaulich 21. 23. 52, 53. 56. 62. 64. 66. 73. 80. 81. 87. 89. 96
Weltbild 18. 23. 33. 42. 48. 51. 64. 65. 69. 73. 80. 81. 86. 88. 90. 91
weltbildlich 43. 58. 73. 80. 81. 90. 91
Weltbildopposition 24
Weltstruktur 4
Wenamun 62. 64. 65. 66. 67. 68. 69. 70. 71. 72. 79. 80. 83
Weni 16. 56
werkimmanente Interpretation s. Interpretation, werkimmanente
westlich 19. 64. 68. 69. 88. 91

Wiedergebrauchsliteratur 24. 30. 36
Wiedergebrauchstext 25
Wir-Bewußtsein 88
Wir-Einstellung 91
Wirklichkeit 3. 6. 10. 12. 20. 43. 46. 47. 48. 49. 53. 60. 66. 90
wirklich 11. 12. 46. 48. 49
Wirklichkeitsbewältigung 34
Wirklichkeitsbezug 85
Wirklichkeitserfahrung 33. 51. 55
Wirklichkeitsgehalt 55
wirklichkeitsnah 36. 49
Wissen 33. 49. 53. 54. 88. 89
Wissensvorrat 33. 52. 53
Wissenschaft 2. 64
wissenschaftlich 2. 3. 5. 17. 78
wissenschaftsgeschichtlich, 1, 4
Wortkunst 91
Würfelhocker 45

Zeichensystem 95
Zeitgeist 61. 70. 83. 86. 87. 89. 91. 92. 95. 96
Zitat 10. 11. 84
Zufluchtsort 8. 48
Zweite Zwischenzeit 8

B Textstellen

a) ägyptisch

Adm. **1,9** 29
3,2 29
15,1 44
15,1 29. 50
Ani B X,**5-7** 43
B X,**5-7**, **Gc 6**-Ende 29
B X,**57** 36
III,**9-15** 31
Bauer B **1,20** 89
CG 34025, vso **5** bzw. vso **26** 38
Chacheperraseneb rto **11** 26
rto **13-14** 90
vso **5-6** 90
CT I **197g** 92
CT I **336c - 338a** 93
CT II **112a** 97
CT III **349 e-f** 75
CT VI **220 a-b** 75
CT VII **346** 83
CT VII **461c - 468b** 95
CT VII **463f - 464a** 95
Ens.Loy. § **3** 95
§ **12** 89
Fragment Daressy, **17** 19
Lebensmüder **15** 92
39-41 92
Merikare **35-36** 89
63-64 92
91-94 23
97-98 24
138 96
MFA **03.1848** 36
Neferti **29-33** 27. 36
42 90
68-69 26
pAnastasi I **23,7-24,1** 25
IV **4,11-5,5** 30
pChester Beatty I **6, 8ff.** 81
I **9,6** 81
I **15,12-16,1** 79
I **16,3-4** 80
I **16, 6-8** 82
pChester Beatty III, **rto 1-11** 75. 93
Petosiris **59, 2,4** 44
59,3 44
pHarris 500 **1,1-3,14** 37
5,9 60
5,10-5,13 60
6,9-6,11 61
7,2-7,3 61
pInsinger **28,1 - 29,11** 31
28,7 48
pLansing **8, 6-7** 24. 36

pMoskau 120, **1,3-1,6** 66
1,17-1,21 65
1,39-1,40 71
1,47 ff. 67
1,53 ff. 70
2,77 71
pMoskau 127, **3,7** 30
pSallier I **1,1-3,3** 37
IV **9,8** 75
Ptahhotep **41** 88
52-59 87
175 89
186-188 86
325 ff. 89
524-525 92
Pyr. **163 d** 83
586-587 76
1145 b 77
1463 83
1587b 76
Schiffbr. **17-18** 89
Semnah **11-13** 25. 36
Sin. B **29-36** 42
R **67**, B **43-45** 50
B **63-64** 55
B **72-73** 55
B **74** 56
B **75-77** 56
B **121-122** 55
B **126-127** 88
B **147-148** 94
B **149-156** 57
B **199** 48
Speos Artemidos **36-38** 28
TB **39,14** 76
Urk. I **124,12** 21
I **126,3,11** 20
I **128 ff.** 21
IV **324,8-9** 7
IV **344,6-8** 7
IV **345,10-14** 7
IV **616,6-10** 26
VI **17,17** 7. 75
VI **27,3-5** 7
VI **29,11-12** 7
VII **6, 6-7** 88
Uronarti **8-10** 25. 36

b) biblisch

1 Kö **12,2** 48
Jer **26,21** 48
Jon **1, 8-9** 63

c) griechisch

Herodot II, **144** 7

C Ägyptische Wörter

Jnṯf-ww 36
jrj hrww nfr 86
jqr 88, 89
wnn 76
wḥm-msw.t 57. 66. 69
wḏꜥ 75. 76. 77. 78. 79
m3ꜥ.t 15. 16. 23. 26. 34. 37. 47. 52. 59. 63. 71. 79. 84. 85. 89
Nnw 36
nṯr 93. 95
rmṯ 7. 15. 22. 25. 27. 28. 29. 30. 36. 37. 39. 41. 43. 44. 46. 50. 54. 71. 80. 83. 86. 91. 95. 97
rmṯ-haft 56
rmṯ nj km.t 71
rmṯ.w nj.w km.t 96
rn 15. 16. 37. 45. 47. 88. 89. 96
rḫ 89. 90. 92
ḥḥj n(j) jb 89
Ḥsb-k3=j 36
ḫpr 76
sḥtp 20
Sḫ3(.t)-Ḥrw 36
sḫr nṯr 62. 82
sšm.w nj.w t3 30. 36. 37. 44. 50
Sṯ.tjw 46
šms-jb 86. 89. 90. 92
gr 89

D Koptische Wörter

ⲙⲛ̄ⲧⲣⲙ̄ⲛ̄ⲕⲏⲙⲉ 29
ⲙⲛ̄ⲧϣⲙ̄ⲙⲟ 30. 32. 58. 64

E Griechische Wörter

δύναμις 76. 77. 78
ἐνέργεια 76
ἔργον 76
κρίσις 78

F Hebräische Wörter